Hasse
Umweltschäden als Thema des Geographieunterrichts

Jürgen Hasse

Umweltschäden als Thema des Geographieunterrichts

Didaktische und methodische Überlegungen
zur Behandlung geoökologischer Probleme

Beltz Verlag · Weinheim und Basel 1976

CIP-Kurztitelaufnahme der Deutschen Bibliothek

Hasse , Jürgen
Umweltschäden als Thema des Geographie-
unterrichts : didakt. u. method. Über-
legungen zur Behandlung geoökolog. Probleme.
– Weinheim, Basel : Beltz, 1976.
   (Beltz-Praxis)
   ISBN 3-407-62007-1

© 1976 Beltz Verlag · Weinheim und Basel
Gesamtherstellung: Beltz Offsetdruck, 6944 Hemsbach über Weinheim
Printed in Germany

ISBN 3 407 62007 1

Inhaltsverzeichnis

1.	Einleitung	7
2.	Die Behandlung von Umweltschäden im Geographieunterricht	10
2.1.	Betrachtungsaspekt	11
2.1.1.	Ökologischer Aspekt	12
2.1.1.1.	Schädlingsbekämpfungsmittel	15
2.1.1.2.	Abfall	16
2.1.1.3.	Gewässerverschmutzung	17
2.1.2.	Sozialgeographischer Aspekt	19
2.1.2.1.	Schädlingsbekämpfungsmittel	24
2.1.2.2.	Abfall	26
2.1.2.3.	Gewässerverschmutzung	29
2.2.	Fragen des Bildungswertes	31
2.2.1.	Auseinandersetzung mit dem Raum	34
2.2.2.	Regelmechanismen	40
2.2.3.	Störung der Regelmechanismen	44
2.2.4.	Raumplanung	49
2.3.	Lernziele	52
2.3.1.	Kognitive Lernziele	55
2.3.2.	Instrumentale Lernziele	60
2.3.3.	Affektive Lernziele	61
3.	Unterrichtliche Behandlung von Umweltschäden in der Sekundarstufe I	64
3.1.	Aussagen der Lehrpläne, Lehrplanentwürfe und Schulbücher	64
3.2.	Realisierbarkeit des Bildungswertes	71
3.2.1.	Arbeitsmittel	72
3.2.2.	Schülerexkursion	74
3.2.3.	Sozialformen des Unterrichts	76
3.3.	Interdisziplinärer Unterricht	77

4.	Ein Unterrichtsbeispiel	80
4.1.	Unterrichtsgegenstand – Baggerseen –	80
4.2.	Didaktische Aufbereitung	81
4.2.1.	Entstehung der Baggerseen	82
4.2.2.	Umweltschäden	84
4.2.3.	Erholung des Menschen	88
4.2.4.	Schülerexkursion	90
4.2.5.	Raumplanung	91
5.	Schlußbetrachtung	98
Literaturverzeichnis		99

Verzeichnis der Abbildungen

Abb. 1: Die Betrachtungsaspekte in der Problematik
Abb. 2: Exkursionsobjekte
Abb. 3: Die interdisziplinäre Behandlung von Umweltschäden im Unterricht
Abb. 4: Die Veränderung des Raumes (Foliensatz in drei Stufen)
Abb. 5: Entstehung von Erosionsschäden
Abb. 6: Umweltschäden durch Arbeit und Erholung
Abb. 7: Baggerseen im Norden der Gemeinde Rastede (Ausschnitt aus der topographischen Karte L 2714 Varel von 1973, Maßstab 1:50000)

Tabelle: Lernziele zur Behandlung von Umweltschäden im Geographieunterricht der Sekundarstufe I

1. Einleitung

Im Jahre 1948 erhielt der Schweizer Chemiker Dr. Paul Müller den Nobelpreis für Medizin. Er erkannte die Wirksamkeit des bis dahin unerreichten Schädlingsbekämpfungsmittels DDT. Rachel Carson startete 1962 in den USA mit ihrer Veröffentlichung „Silent Spring" (Der Stumme Frühling) einen bis zu ihrem Tode währenden Angriff gegen die Produktion und Anwendung des DDT und anderer nicht wesentlich unschädlicherer Substanzen zur Schädlingsbekämpfung. Sie wies vor allem auf die Resistenz derartiger Insektizide und die sich daraus ergebenden Folgen in Form der überproportionalen Zunahme der Toxizität durch den Prozeß der „biological magnification" (biologische Anreicherung in der „Nahrungskette") hin. Während der petrochemischen Industrie daran lag, den Sachverhalt zu bagatellisieren, war es die Strategie landwirtschaftlicher Verbände, das Schreckensbild einer Welt zu malen, die ohne Pestizide auskommen muß.
Inzwischen wird DDT als weltweit verbreitetes Umweltgift realer eingeschätzt (s. S. 25). Dennoch – in einigen Staaten wird es nach wie vor angewandt, während anderenorts ähnlich wirksame Mittel mit nur anderem Namen zum Einsatz kommen (etwa Dieldrin oder Aldrin) (Widener, S. 17 ff.).
Das Umweltprogramm der Bundesregierung sagt aus, daß 71,25 % der jährlichen Abfallmenge in der BRD (160 Mio m^3 in 1970) auf Hausmüll entfallen; dagegen werden nur 2,5 % Bauschutt, 6,25 % Inertmaterialien aus Bergbau, Stahlgewinnung usw. und 0,5 % gewerbliche Schlachtabfälle ausgewiesen, die man insgesamt (9,25 %) nur mit erheblichen Bedenken der Gruppe der Industrieabfälle anlasten kann; die Statistik enthält nämlich keinen expliziten Auswurf für Industrieabfälle (Umweltprogramm, S. 98). Dies muß in Anbetracht der folgenden Ausführungen zumindest als zweifelhaft angesehen werden.
In der BRD fallen jährlich etwa 20 Millionen Tonnen Industrieabfälle an (Luft- und Wasserverschmutzung sind hierbei nicht berücksichtigt).

Dieses Volumen, das wegen einer erheblichen Dunkelziffer nicht exakt bestimmbar ist, entspricht damit mindestens dem jährlichen Hausmüllaufkommen (Reimer, S. 55).

„So wurde im Jahre 1970 in einem dünnbesiedelten Gebiet der Bundesrepublik von etwa 600 Quadratkilometer Fläche, das von 120 000 Einwohnern bewohnt wird, eine Gesamtabfallmenge von über 100 000 Tonnen im Jahr festgestellt. Man hatte aufgrund der Erfahrungswerte nur mit 30 bis 40 Prozent dieses Wertes gerechnet. Die Fehlbeurteilung ging auf eine Unterschätzung der ortsansässigen kleineren und mittleren Industrie zurück" (ebd., S. 56).

Zitat aus: „Schwarzwälder Bote" vom 21. 5. 1971

„Gesamter Fischbestand vernichtet
Papierfabrik leitet hochgiftige Chemikalien in die Sieg / Fluß auf 40 km verseucht.
ap. DÜSSELDORF/SIEGBURG. Durch verbotswidrig in die Sieg geleitete hochgiftige Abwässer ist der Fischbestand dieses Rhein-Nebenflusses fast total ausgerottet worden. Wie ein Sprecher des Ministeriums für Ernährung, Landwirtschaft und Forsten von Nordrhein-Westfalen in Düsseldorf mitteilte, ist der Schaden in seinem Ausmaß noch nicht zu übersehen."

Es sei hinzugefügt, daß rund 4 Millionen Menschen aus dem Rhein ihr Trinkwasser beziehen. Die Gewässerkarte weist für den Fluß mit Ausnahme der durch Ballungsräume verlaufenden Abschnitte eine mäßige Verschmutzung aus. In den industriellen Schwerpunkträumen ist die Verschmutzung stark bis übermäßig (Gassmann, S. 10 ff.).
Auszug aus einem im Rahmen der Fortbildungstagung der Erdkundelehrer „Umweltprobleme im Unterricht" am 5. 7. 72 gehaltenen Vortrag:

„Welcher Ort wäre wohl auch geeigneter, eine andere Haltung gegenüber der Umwelt zu erzeugen als die Schule. Hier wächst die junge Generation heran, die noch prägsam ist, aufgeschlossen für neues Denken. Und vergessen wir auch nicht, von Anfang an deutlich zu machen: Der Umweltschutz fängt bei jedem Einzelnen an! Es ist sehr leicht und allzu billig, die Anklage ständig an anonyme Adressaten zu richten und den Staat, die Wirtschaft, die Industrie usw. für alles verantwortlich zu machen. Läßt sich doch nachweisen, daß z. B. der Löwenanteil der generellen Luftverschmutzung nicht auf das Konto der Industrie geht, sondern auf die Hausbrandanlagen, die Bequemlichkeit der Ölheizung, auf die Abgase der Millionen von Autos, auf deren Benutzung schon aus Gründen des Sozialprestiges bei uns niemand verzichten will. Mit dem eigenen Sich-Verhalten gegenüber der Umwelt beginnt die Lösung der Probleme..." (Meckelein, S. 9).

Die folgenden Ausführungen sollen nachweisen, daß die Anstrebung eines individuellen Verantwortungsbewußtseins für die räumliche Umwelt als didaktische Maxime der unterrichtlichen Behandlung von Umweltschäden eine unzulässige Reduktion eines vielschichtigen Problemkreises ist, vor allem dann, wenn dies kraft der im Schüler entwickelten Einsicht geschieht, daß im Grunde jeder einzelne der Urheber des sich gegenwärtig darstellenden Maßes an Umweltzerstörung ist. Da das o. g. Zitat (Meckelein) exemplarisch gesehen werden muß, scheint es angebracht, die Behandlung von Umweltschäden im Unterricht in der gesamten vertikalen Ausdehnung unter Verzicht auf die Vollständigkeit der horizontalen Vielfalt einer umfassenden Analyse zu unterziehen. Deren Ziel soll die Findung von didaktischen Prioritäten sein, die aus der Komplexität einer durch ein interdisziplinäres Beziehungsgefüge vielfältiger Bedingungen gekennzeichneten Problematik abzuleiten sind.

2. Die Behandlung von Umweltschäden im Geographieunterricht

Umweltschäden sind in den letzten Jahren zum Gegenstand einer öffentlichen Diskussion geworden. Hunderte von Publikationen können dies belegen. Sie haben ökologische, politische, gesellschaftliche, wirtschaftliche und viele andere Aspekte zum Ausgangspunkt der Betrachtungen genommen. Bereits bei flüchtiger Sichtung der erschienenen Literatur fällt der interdisziplinäre Charakter des Problembereichs auf. Es ergibt sich somit aus sachimanenten Erwägungen, daß Umweltprobleme in den Schulen unter verschiedenen Aspekten, die ihr jeweiliges wissenschaftliches Fundament in der Fachwissenschaft eines spezifischen Schulfaches haben, beleuchtet werden. Der Geographie kommt dabei eine zentrale Bedeutung zu. Während W. Meckelein (ebd., S. 3) die hervorgehobene Rolle der Geographie damit begründet, daß die Beziehung Umwelt – Mensch stets einer ihrer Untersuchungsgebiete war, wird diese Wechselwirkung bei H. Hendinger, 1972, S. 251 ff., für die Schulgeographie zum didaktisch ausschließlich relevanten Ausgangspunkt[1].

Umweltschäden ergeben sich (ausgenommen als Folge von Naturkatastrophen) aus menschlichem Handeln, schlagen sich im Raum nieder und werden eigentlich erst dadurch zu Umwelt*problemen,* daß sich aus dieser Veränderung der Umwelt eine Rückwirkung auf die menschliche Daseinsbewältigung ergibt, d. h. eine Herausforderung an den Menschen. Der Ausgangspunkt der folgenden Abhandlungen soll nicht die Problematik des Umweltschutzes sein, sondern wird sich auf Umweltschäden beziehen, weil sie als der raumwirksame Niederschlag menschlicher Daseinsbewältigung eine unmittelbar geographische Kategorie darstellen. Auf dieser Basis werden Möglichkeiten aufgezeigt, die Genese und Fort-

---

1 Fachdidaktische Ansätze, die zur Begründung der Behandlung von Umweltproblemen im Geographieunterricht Beiträge geben, werden im einzelnen unter 2.2. und 3.1. abgehandelt, so daß der Bezug auf H. Hendinger nicht als der einzig mögliche aufgefaßt werden darf.

entwicklung des Raummusters (= umweltgeschädigter Raum) möglichst weitgehend zu erfassen.

2.1. Betrachtungsaspekt

Es ergibt sich nun die Notwendigkeit, geographisch relevante Betrachtungsschwerpunkte zu bilden, die zu einer umfassenden und dennoch fachspezifischen Analyse von Umweltschäden beizutragen vermögen, ohne dabei isolierte Bereiche zu schaffen, die sich in ihren Inhalten und den daraus abzuleitenden Fragestellungen und sich schließlich ergebenden Resultaten nicht oder nur sehr indirekt tangieren. Als Betrachtungsaspekte sollen daher die Ökologie und die Sozialgeographie herangezogen werden. Beide Ansätze sind in der Vergangenheit in bezug auf die unterrichtliche Behandlung von Umweltschäden grundsätzlich getrennt voneinander angewandt worden, d.h. Umweltschäden wurden entweder ökologisch oder sozialgeographisch betrachtet, wobei die Ökologie ein deutliches Übergewicht hatte. Es soll nun nicht darum gehen, die bisherige Priorität der Ökologie durch die der Sozialgeographie zu ersetzen, sondern die sachliche und didaktische (s. 2.2.) Notwendigkeit einer beide Ansätze verbindenden Analyse zu begründen. Es wäre kein wesentlicher Fortschritt, wenn diese Verbindung in einem lockeren Aufeinanderfolgen der Ansätze als vollendet angesehen würde; vielmehr müssen beide zu einem in seiner inneren Differenzierung von der jeweiligen Problematik des Umweltschadens bestimmten Kontinuum verfließen, das die Untersuchung von Austauschprozessen zum Gegenstand hat, die sich zwischen Mensch und Umwelt vollziehen.

Beide Ansätze werden in dem folgenden Schema vereinfacht in ihrer Beziehung zueinander hinsichtlich ihrer Anwendung auf die Untersuchung von Umweltschäden im Geographieunterricht dargestellt.

Die Abbildung verdeutlicht die Untrennbarkeit beider Ansätze. Der eine kann nicht losgelöst von dem anderen betrachtet werden, weil sich beide in ihrer Anwendbarkeit wechselseitig bedingen. Soziales Gruppenverhalten hat die Beeinträchtigung eines ökologischen Gleichgewichtes zur Folge und löst wiederum soziales Gruppenverhalten aus, um die Störung zu beseitigen, sofern sie spezifischen Gruppeninteressen zuwiderläuft. Die sozialgeographischen Analysen, die am Anfang und am Ende ste-

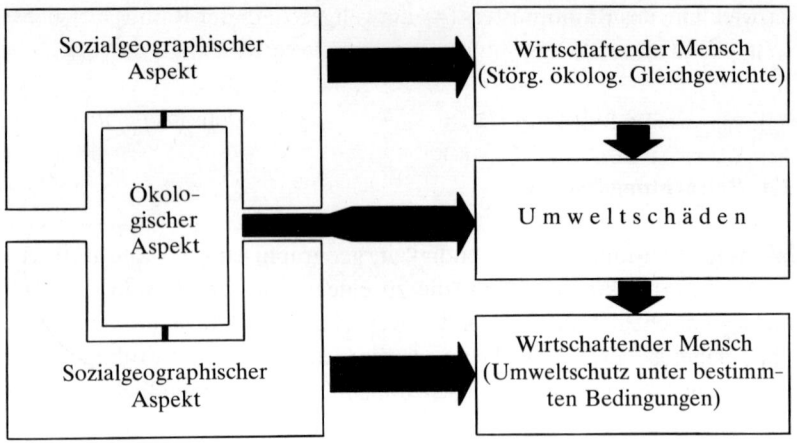

Abb. 1: Die Betrachtungsaspekte in der Problematik

hen, können nur in unmittelbarer Anknüpfung an die Ökologie (als Folgeerscheinung oder als Ursache) vorgenommen werden. Ökologische Betrachtungen werden der realen Problematik nur gerecht, wenn sie die gesamten Verzahnungen angemessen in Rechnung stellen.
Die unter 2.1.1. und 2.1.2. dargestellten Ansätze zur Analysierung von Umweltschäden lassen im wesentlichen eine didaktische Reflexion der Inhalte unberücksichtigt. Es soll primär die Sachproblematik verdeutlicht werden, die die Grundlage für die Abhandlungen zu Punkt 2.2. (Fragen des Bildungswertes) sein wird.
Erfolgen zunächst Ausführungen zum ökologischen Aspekt, so geschieht dies in Anbetracht des oben Gesagten ohne qualitative Wertung. Allein aus systematischen Erwägungen stehen sie am Beginn. Sie haben den räumlichen Niederschlag sozialen Gruppenverhaltens in seinen raumrelevanten Wirkungen zum Gegenstand, finden daher unmittelbarere geographische Beachtung als die Reflexion über den wirtschaftenden Menschen, die erst als Folge, also mittelbar Raumrelevanz erhält, obwohl sie entwicklungsgemäß die Ursache ist.

2.1.1. Ökologischer Aspekt

Die Ökologie befaßt sich mit den Beziehungen innerhalb von Ökosystemen. Fosberg definiert ein Ökosystem als ein dynamisches, auf Wechselwirkung beruhendes System, das aus einem oder mehreren Organismen und der sie beeinflussenden physischen wie biologischen Umgebung besteht. Ein solches Ökosystem ist eine funktionale Einheit und reguliert sich weitgehend selbst (Ellenberg). Es steht zu anderen Systemen in Beziehung, die in ihrer Gesamtheit die Biosphäre bilden. Manshard (S. 8) bezeichnet diese als eine Grenz- und Übergangsschicht zwischen der Lithosphäre (obere 3–5 km), der Hydrosphäre und der Troposphäre (bis in Höhen von 10–15 km der Atmosphäre), in der sich alles irdische Leben konzentriert. Dauerhaft ist Leben in dieser Sphäre nur möglich, weil ein ausgeglichener Energiefluß besteht, der aufrechterhalten wird durch Energieeingaben, die in den geordneten Konfigurationen von Materie innerhalb der Ökosysteme Arbeit verrichtet (Stoddart, S. 121). Eine Unterbrechung dieses Gleichgewichtes kann durch die Veränderung eines Faktors eintreten, der in einem Ökosystem eine für andere Faktoren spezifische Funktion hat, die der Arbeit durch Energieumwandlung entspricht. Wegen dieser wechselseitigen Abhängigkeiten spricht man auch von ökologischen Nischen, die von den jeweiligen Faktoren eingenommen werden und ihnen eine für die Funktionsfähigkeit des Gesamtsystems relevante Aufgabe zuweisen.

Dem Menschen ist es aufgrund seiner Evolution gelungen, seine ursprüngliche ökologische Nische zu verlassen (Manshard, S. 9) und in vielen Fällen die Umwelt seinen Lebensbedingungen anzupassen. Dazu mußte er fortlaufend in das ökologische Gleichgewicht eines Raumes eingreifen, sei es durch die Ausbeutung natürlicher Ressourcen, die Veränderung der natürlichen Erdoberfläche oder die übermäßige Belastung einzelner Faktoren des Ökosystems. Damit verhält sich der Mensch unökologisch, „indem er sich nicht mehr auf die Nutzung der Energie beschränkt, die in der gleichen Zeit nachwächst" (Kreeb, S. 105). Jeder der unendlichen Eingriffe des Menschen hat jedoch nicht zwingend eine nachhaltige Störung eines ökologischen Gleichgewichtes zur Folge gehabt. Die Biosphäre verfügt über eine beachtliche Flexibilität, kann sich also bis zu einem bestimmten Grad der Störung eines zur Aufrechterhaltung ihres inneren Gleichgewichtes wesentlichen Faktors, aus eigener Kraft in einen neuen Gleichgewichtszustand „entwickeln". Bei Überschreitung einer solchen Toleranz ist dieser Prozeß aus eigenem Antrieb nicht mehr möglich. Die Problematik liegt somit hinsichtlich der Belastbarkeit der Ökosysteme in der Schwierigkeit, diese Grenzwerte des Möglichen bestimmen zu können. Meist ist diese Bestimmung erst nach dem Eintreten einer irreversiblen Störung, eines Umweltschadens möglich.

Sollen Umweltschäden unter ökologischem Aspekt beleuchtet werden, so tritt aus dem Wechselbeziehungskomplex Mensch – Raum die räumliche Komponente in den Vordergrund, bei der der Mensch als Urheber der Störungen der ökologischen Homöostase in Erscheinung tritt. Diese Störungen sind in ihrer Entwicklung und ihren Folgen im Ökosystem zu analysieren, d.h. die qualitativen und quantitativen Auswirkungen menschlichen Handelns auf seine Umwelt sind Gegenstand der Betrachtungen. Zur Erschließung dieses Problemkreises stellt die physische Geographie die wissenschaftlichen Grundlagen. Die Sachzusammenhänge gestalten sich jedoch so vielschichtig, daß eine enge Anlehnung an weitere Naturwissenschaften geboten erscheint (Biologie, Chemie, Physik). Die physische Geographie nimmt daher zum Teil auch Koordinationsaufgaben wahr, die an der Raumrelevanz der ermittelten Ergebnisse orientiert sind. Bereits an dieser Stelle sei darauf hingewiesen, daß die unter 2.1. postulierte enge Verzahnung des ökologischen mit dem sozialgeographischen Aspekt hier ihre Beachtung finden muß. Nähme man die ökologischen Untersuchungen ohne Anlehnung an den anthropogenen Bereich vor, so würde die Physiogeographie einen Selbstzweck verfolgen, der unrealistisch und deshalb auch didaktisch unzulässig wäre, da die gravierenden Schäden in den Ökosystemen losgelöst würden von dem initiierenden Geschehen, dem Verhalten des wirtschaftenden Menschen. Hier kann die anthropogeographische Anbindung zunächst auf den Hinweis der menschlichen Daseinsbewältigung beschränkt bleiben. Eine Differenzierung sollte in diesem Stadium noch unterbleiben, um die systematische Übersicht nicht zu gefährden. Ein Berührungspunkt, sei er noch so geringfügig und pauschal, erscheint eminent wichtig. Er schafft die Grundlagen für das Bewußtsein, *ein* Problem zu behandeln, das „nur" aus verschiedenen Aspekten gesehen wird.
Drei Beispiele von Umweltschäden (s. a. Einleitung) sollen die allgemeinen Ausführungen konkretisieren. (Sie werden auch auf die Punkte 2.1.2. und 2.2. bezogen). Es geht dabei nicht um eine exemplarische Darstellung typischer Umweltschäden. Die ökologischen Schäden sollen anhand der Beispiele in Anbetracht der bereits festgestellten Notwendigkeit, physisch-geographische Erscheinungen stets in enge Beziehung zu anthropogenen Ursachen zu setzen, jeweils deutlich gemacht werden, um sie nach Punkt 2.1.2. als Folgeerscheinung sozialen Gruppenverhaltens begreifen zu können; da viele Problemkreise von Umweltschäden diese Aufgabe erfüllen könnten, ist ihre Auswahl von sekundärer Bedeutung.

Die folgenden Darstellungen sollen letztlich helfen, Fragen des Bildungswertes der unterrichtlichen Behandlung von Umweltschäden zu erörtern. Es sei darauf hingewiesen, daß sie keinen Anspruch auf Vollständigkeit erheben wollen.

2.1.1.1. Schädlingsbekämpfungsmittel

Durch den Einsatz von Pestiziden wie z.B. DDT konnte die Landwirtschaft beträchtliche Ertragsverbesserungen erzielen, die Millionen von Menschen vor dem Hungertode bewahrten. Die Schädlingsbekämpfung wirkte sich auch unmittelbar zugunsten der menschlichen Gesundheit aus. Vor dem Einsatz von DDT war etwa die Hälfte der Menschheit mit Malaria infiziert. Man nimmt an, daß durch die Verwendung des Pestizides etwa 100 Millionen Menschen vor Krankheiten verschont geblieben sind, die durch Insekten übertragen werden (Danneel, S. 36). Schädigende Nebenwirkungen des Produkts zeigten sich erst erheblich später.

Die Pestizide werden von Flugzeugen über den landwirtschaftlichen Nutzflächen versprüht und gelangen über die Atmosphäre und die Flüsse ins Meer, verbreiten sich also weit über den Einsatzort hinaus; DDT konnte in der Luft über Barbados ebenso wie in Indien bis in eine Höhe von 7000 Meter nachgewiesen werden (Taylor, S. 164). Die chemische Zusammensetzung der Substanz ist wasserunlöslich, bleibt im Meerwasser somit in seiner Toxizität erhalten. Zur Wirkung kann es erst gelangen, wenn es mit Fetten in Berührung kommt. Es lagert sich aufgrund seiner Persistenz hauptsächlich im Gewebe des Phyto- und Zooplankton ab. Hier kommt es zu einer Konzentration von 10 ppm². Fische und andere Meerestiere ernähren sich von Plankton und nehmen dadurch konzentrierte Pestizid-Rückstände auf. Während sich in ihrem Gewebe eine Verdichtung von rund 100 ppm feststellen läßt, ermittelt man bei Raubfischen, die sich von kleineren Fischen ernähren, schließlich Konzentrationen bis zu 1000 ppm (ebd., S. 164f.). Da DDT kaum ausgeschieden wird, belastet jeder Neuzugang den Körper in vollem Umfange zusätzlich zu der bereits vorhandenen Menge, so daß es zu dem geschilderten überproportionalen Zuwachs kommt. Im Jahre 1969 stellten Wissenschaftler in den USA fest, daß bereits eine Konzentration von

---

2 ppm = parts per million, Teile auf eine Million (1 ppm = 0,0001%)

1 ppm die Vermehrung von Fischen hemmt (ebd., S. 168). Man prognostizierte einen erheblichen Rückgang der Ertragslage in der Hochseefischerei und entsprechende Auswirkungen auf die Ernährung des Menschen. Für die Hälfte der Erdbevölkerung ist Fisch die einzige Proteinquelle (ebd., S. 165).

Erst über den Weg der Nahrungskette werden Pestizide zur wahren Bedrohung der Ökosysteme – und so auch des Menschen. Es ist nicht abzusehen, welche Schäden sich noch aus ihren Rückständen ergeben werden. Auch ist nicht geklärt, wie lange DDT seine Potenz bewahren kann. Die Schätzungen reichen von 10 bis 100 Jahren (Widener, S. 22).

Die ökologischen Probleme liegen in der Beseitigung einzelner Tierarten durch Pestizide und des sich daraus ergebenden Ungleichgewichtes, das Kettenreaktionen hinsichtlich einer weiteren Störung des ökologischen Gleichgewichtes nach sich ziehen (Manshard, S. 19) und Lebensgrundlagen des Menschen zerstören, seine zur Daseinsbewältigung notwendigen Ressourcen negativ beeinträchtigen kann. Die Grenzen der Flexibilität der Biosphäre lassen sich hier an dem Ausfall eines für eine ökologische Homöostase relevanten Gliedes festmachen.

2.1.1.2. Abfall

In der BRD fallen jährlich rund 200 Millionen m^3 Müll an. Die Menge entspricht einem Pro-Kopf-Anteil von 3,3 m^3 (Gassmann, S. 12); mit ihr könnte man Luxembourg 10 cm hoch bedecken (Nitschke, S. 22). „Gegenwärtig werden noch mehr als 90 % aller Abfallstoffe, genau wie vor 100 Jahren, ohne besondere hygienische Vorsichtsmaßnahmen irgendwo im Gelände abgelagert. Viele Müllplätze liegen mitten in Verdichtungsgebieten. Für einen großen Anteil der Bevölkerung fehlt eine geregelte Sammlung und Abfuhr der Abfallstoffe" (Umweltprogramm, S. 98). So stellen ungeordnete Mülldeponien und „wilde" Müllablagerungen gegenwärtig noch einen hohen Anteil an der Beseitigung von Abfallstoffen dar. Hieraus ergeben sich hygienische Mißstände, Grund- und Oberflächenwasserverunreinigungen, Geruchs- und Rauchbelästigungen, die das ökologische Gleichgewicht in Mitleidenschaft ziehen. Da die Zusammensetzung der Abfallstoffe nahezu unkontrollierbar ist, bestehen keine zuverlässigen Aussagen über die Wirkungsmechanismen von Schadstoffen in Ökosystemen. Die Unsicherheit über Folgeerscheinungen wird schließlich besonders groß, wenn es um industrielle Ab-

fallstoffe geht. Zumindest kann man hier grundsätzlich eine höhere Toxizität unterstellen als bei Hausmüll, damit auch eine weitaus größere Gefahr für das ökologische Gleichgewicht (z.B. Arsenskandal in Nordrhein-Westfalen).
Durch Abkippen von Müll auf Plätzen, die in ihrer Lage mehr nach topographischen als nach hydrogeologischen Aspekten ausgewählt worden sind, können sich über lange Jahre nachwirkende Grundwasserschäden ergeben. So steigen in jedem Jahr die Nitrat-, Chlorid- und Sulfatanteile und erreichen bisweilen Werte, die bei 400 Milligramm pro Liter Grundwasser liegen (Nitschke, S. 23), wobei nicht auszuschließen sein wird, daß an dieser Entwicklung auch andere Verunreinigungsherde beteiligt sind. Neben den Auswirkungen auf das Grundwasser ist die Gefahr der Übertragung von Krankheitserregern (Typhus, Paratyphus u. a.) durch Vögel und Ratten erheblich. Besonders problematisch ist die Ablagerung von synthetischen Produkten. Sie sind gegenüber natürlichen Zersetzungsprozessen außerordentlich resistent. Eine unmittelbare toxische Wirkung kann in vielen Fällen nicht festgestellt werden. Dennoch besteht die Gefahr, daß sich derartige Stoffe in Wasser, Boden, Pflanzen oder Tieren akkumulieren und möglicherweise über eine Nahrungskette Folgeschäden bewirken (Wagner, S. 75f.).
Die genannten Gefahren für ausgeglichene Ökosysteme gelten für Deponien am akutesten und treffen für Kompostierungen nur noch bedingt zu. Die Verbrennung von festen Abfallstoffen mag am „umweltfreundlichsten" erscheinen, also mit den geringsten Gefahren für das ökologische Gleichgewicht verbunden sein. Auch Verbrennungen jedoch geschieht derzeit nicht ohne Umweltbelastung; viele Abfälle werden zu Luftverunreinigung umgewandelt.
Fragen der Müllablagerung im Meer sollen hier ausgeklammert werden, um diesen Punkt nicht zu stark auszudehnen, obwohl sich in küstennahen Schulen besonders dieser Komplex zur unterrichtlichen Aufbereitung anbietet – Erfahrungsbereich der Schüler; (hierzu siehe auch „Das Meer als Müllgrube" (Roll, S. 22ff.)).

2.1.1.3. Gewässerverschmutzung

Der Wasserbedarf der Industrie und der privaten Haushalte steigt ständig an. Wasser jedoch ist kein beliebig vermehrbares Produkt. Die vorhandenen Kapazitäten müssen intensiver genutzt werden, mit der Folge, daß die Menge der Abwässer zunimmt, während die Menge des ungenutzten Wassers notwendig geringer werden muß. Diese gegenläufige Entwicklung führt zu immer stärkeren Wasserverschmutzungen. Über 20 % des durch Bäche, Flüsse und Ströme abfließenden Wassers ist heute Abwasser (Müller-Neuhaus, S. 22 f.). Unzureichende Klärung von Abwasser und die unkontrollierte Einleitung ungereinigter, toxischer Abwässer führen zu großen Schäden vor allem in den Fließgewässern, auf die die folgenden Abhandlungen beschränkt werden sollen.

Gewässer mit einem ausgeglichenen biologischen Haushalt verfügen über eine selbstreinigende Kraft. Wesentliche Funktionen nehmen in diesem Prozeß Fische und Plankton wahr. Organische Abfallstoffe werden, wenn sich das Volumen in Grenzen hält, einerseits durch Fische und Zooplankton unmittelbar durch Verzehr abgebaut (Puls, S. 6), andererseits stehen sie, falls sie genügend und schnell abbaufähig sind, nach ihrer Mineralisation dem Phytoplankton u. a. Wasserpflanzen als Nährstoffe zur Verfügung. Der Sauerstoffhaushalt und die Selbstreinigungskraft des Gewässers wird durch den letztgenannten Prozeß stabilisiert (Knöpp, S. 143). Giftige Abwässer dagegen schädigen das Assimilationspotential des Phytoplankton und können je nach dem Grad ihrer Toxizität die Organismen abtöten, die wesentlich am Abbau organischer Abfallstoffe mitwirken. Abwässer können jedoch auch dann den Haushalt eines Gewässers stören, wenn sie nur sehr schwach giftige Substanzen enthalten oder gar keine toxische Wirkung haben. So beeinträchtigen Trübungsstoffe führende und schäumende Abwässer das Lichtklima im Wasser und schmälern die Belüftungsfunktion des Phytoplanktons (ebd., S. 144). Neben der Sauerstoffzufuhr durch die Photosynthese grüner Pflanzen ist die physikalische Belüftung durch Sauerstoffaufnahme des Gewässers aus der Luft zu nennen. Obwohl dieser Prozeß von nicht so vielfältigen Beeinflussungsfaktoren bestimmt wird wie die biochemische Belüftungsleistung, kommt es auch hier zu Störungen und Beeinträchtigungen, von denen nur eine genannt sei. Auf der Wasseroberfläche sich ausdehnende Mineralölschichten verhindern z. B. den physikalischen Sauerstoffeintrag (Drutjons, S. 49). Eine weitere Senkung des Sauerstoffgehaltes bewirkt die Einleitung von Kühlwasser aus Kraftwerken und Industriebetrieben, da mit steigender Wassertemperatur das Lösungsvermögen für Sauerstoff sinkt (ebd., S. 49).

Die genannten Beeinträchtigungen des ökologischen Gleichgewichtes im Wasserhaushalt von Fließgewässern machen trotz der erheblichen Verkürzung der Problematik die Gefährdung deutlich. Nicht immer bleiben die Gefahren und Störungen auf die Gewässer beschränkt. Denkt man z.B. an die Überflutung von Weideland bei Hochwasser, so wird der mögliche Wirkungsradius von Schadstoffen sichtbar, die in Fließgewässern enthalten sind; über die Milch und das Fleisch der später dort weidenden Kühe können die Giftstoffe in den menschlichen Körper gelangen (ebd., S. 51).

2.1.2. Sozialgeographischer Aspekt

Die Ursachen für den Eintritt eines Umweltschadens wurden unter 2.1.1. auf die naturwissenschaftlichen Bedingungen zurückgeführt, die das Gleichgewicht eines ökologischen Haushaltes gestört haben, d.h. die einen oder mehrere Faktoren eines Ökosystems determinierenden externen Einwirkungen. Die unter diesem Gesichtspunkt zu fassende Genese muß jedoch als Folge erkannt werden, wenn die o.g. Bedingungen für den Ablauf naturwissenschaftlich zu definierender Prozesse auf ihre Voraussetzungen hinterfragt werden. Umweltschäden, deren „Ursachen" in der Einwirkung von DDT, toxischen Abwässern oder Abfällen liegen, können auf dem Wege ökologischer Analysen nicht in ihren tatsächlichen Bedingungsfaktoren, also ihren eigentlichen Ursachen erkannt werden, da diese nicht aus den Wechselbeziehungen der ein Ökosystem prägenden Faktoren abgeleitet werden können. Hier kommt als tatsächlicher Urheber nur der Mensch in Betracht, der aufgrund seiner Evolution seine eigene ökologische Nische verlassen hat, um durch die Einflußnahme auf nahezu alle Faktoren seiner Umwelt die Bedingungen seines Daseins aktiv zu gestalten. Er ist der Träger jener Prozesse, die die Ursachen schaffen für den Ablauf naturwissenschaftlicher Vorgänge, die zu Umweltschäden führen.

Die Auseinandersetzung des Menschen mit seiner Umwelt ist vielfach differenziert, und zwar sowohl in räumlicher als auch in sozialer Hinsicht. Dabei kommt der sozialen Komponente besondere Relevanz zu, da durch sie die Art der Beziehung des Menschen zum Raum stark determiniert wird. Ruppert und Schaffer sprechen daher von einer „begrifflichen Verschmelzung von Raum und Gesellschaft" (S. 193). Es kann somit nicht das Individuum der Forschungsgegenstand der Sozialgeographie sein. Um das zu raumwirksamen Prozessen führende „anthropogene

Kräftefeld" (Busch-Zantner 1937) analysieren zu können, geht die Sozialgeographie von der sozialen Gruppe aus. Obwohl dem Begriff zentrale Bedeutung zukommt, mangelt es an seiner klaren Definition. So wird er in empirischen Untersuchungen unterschiedlich abgerenzt. Soziale Gruppen werden je nach dem Untersuchungsgegenstand und nach der Intention der Untersuchung, nach zum Teil erheblich voneinander abweichenden Kriterien gebildet. So hat z.B. G. Niemeyer zur sozialräumlichen Gliederung Braunschweigs (S. 196f.) acht Gruppen entwickelt, die in ihren Kriterien vom soziologischen Schichtenmodell abgeleitet sind. Tjaden-Steinhauer und Tjaden sprechen sich gegen eine schichtenhierarchische Teilung der Bevölkerungsmitglieder nach sozialökonomischen Merkmalen aus, da sie als bloße Verteilung persönlicher Merkmale keine konstitutive Struktur von Vergesellschaftung darstellen können, jedoch als solche dargestellt werden (S. 110). G. Leng mißt daher der sozialökonomischen Struktur, die sich aus den Produktions- und Grundverhältnissen ergibt, besondere Bedeutung bei, da auf ihr die Gliederung der Gesellschaft in Klassen und Schichten beruhe (S. 128). Soziale Gruppen im Sinne der Merkmalsgruppen nach Ruppert und Schaffer erheben spezifische Raumansprüche im Rahmen ihrer Daseinsbewältigung, die in folgende Daseinsgrundfunktionen (nach Partzsch 1964; abgeleitet von 6 Funktionskreisen nach Bobek 1948) gegliedert sind:

1. Sich fortpflanzen und in (privaten und politischen) Geimenschaften leben,
2. Wohnen,
3. Arbeiten,
4. Sich versorgen und konsumieren,
5. Sich bilden,
6. Sich erholen,
7. Verkehrsteilnahme, Kommunikation und Information; (Ruppert u. Schaffer, S. 187f.).

Zwar bemerken Ruppert und Schaffer, daß die Daseinsäußerungen ein mehrseitiges Abhängigkeitsverhältnis verbindet, lassen die sieben Funktionen jedoch gleichwertig nebeneinander stehen. Es ist zu fragen, inwieweit die Daseinsgrundfunktion „Arbeiten" damit realitätsgerecht eingestuft ist, zumal durch sie die Aggregate zur Daseinsäußerung innerhalb der Grundfunktionen geschaffen werden und ihr Gegenwert in Gestalt von Lohn die Möglichkeiten der gesamten übrigen Daseinsäußerungen in Qualität und Quantität bestimmen. „Die Funktion ‚Arbeiten' fällt [damit] in die Sphäre der materiellen und immateriellen Produktion (Güterproduktion und Dienstleistungsbereich), während die anderen Funktionen der Konsumtionssphäre zuzurechnen sind" (Leng, S. 125).

Die Sonderstellung der Funktion „Arbeiten" wird sich als notwendig erweisen, wenn es Umweltschäden, die die Allgemeinheit belasten, nach ihren Trägern und damit auch mittelbaren oder unmittelbaren Nutznießern zu hinterfragen gilt. Denn – wenn ein aus anthropogenen Kräften entstandenes Raummuster, d. h. auch raumwirksam gewordene Umweltschäden, im Entstehungsprozeß von einer oder mehreren sozialen Gruppen getragen worden ist, muß ein Nutzen für den Träger die Motivation seines raumwirkenden Handelns gewesen sein. Er muß, um Träger von Prozessen sein zu können, die große Bevölkerungsteile dauerhaft belasten, über politische und (oder) ökonomische Macht verfügen, die aus dem Produktionsprozeß hervorgeht, der von der Daseinsgrundfunktion „Arbeiten" im wesentlichen getragen wird.
Nach F. Schaffer ist es das regional differenzierte Muster, sich aus Daseinsgrundfunktionen ergebender spezifischer Flächen- und Raumansprüche sowie verorteter Einrichtungen, das die Sozialgeographie zu registrieren und wissenschaftlich zu erklären hat (S. 195 f.).
F. Schaffer stellt fest, daß jeder strukturverändernde sozialgeographische Prozeß mehr oder weniger mit dem Umbau zeitlich und räumlich konsistenter Muster verbunden ist. Die Initiative des räumlichen Wandels gehe jedoch von der menschlichen Gruppe aus. Die zum räumlichen Prozeß führende Reaktionskette könne z.B. mit der Veränderung von Wertvorstellungen beginnen (ebd., S. 198). Die aus Individuen bestimmter Merkmalsgruppen bestehenden Sozialgruppen sind damit Träger räumlicher Prozesse. Sie erscheinen als aktive Gestalter einer Umwelt, die den Daseinsansprüchen innerhalb spezifischer Daseinsgrundfunktionen gerecht gemacht wird. Wie wenig diese Theorie der Erklärung der Realität gerecht wird, zeigen die zum Schluß dieses Punktes folgenden Beispiele. G. Leng kommt zu dem Schluß: „Das räumliche Verhalten der Gesellschaftsmitglieder besteht also vorwiegend in der Anpassung an vorgegebene grundlegende Standortstrukturen und deren Veränderung bzw. im affirmativen Reagieren ‚auf ein prästabilisiertes Angebot, das wenig Widerspruch duldet' (Offe, 1972b/153)." (S. 129f.).
Der sozialgeographische Aspekt soll die Funktion haben, die nicht-phy-

siogeographische Genese von Umweltschäden der Realität entsprechend zu erklären. Dabei soll von der Veränderung des Raumes ausgegangen werden. Seine Struktur, also die der Umweltschäden, ist als Niederschlag sozialen Gruppenverhaltens zu begreifen. Nach der Bestimmung der sozialen Gruppe, die den Umweltschaden verursacht hat, wobei der Begriff der Verursachung im eigentlichen Sinne aufzufassen ist, sind die Gründe für deren Verhalten zu suchen. Dann wird ein Verständnis für das zu Umweltschäden führende Handeln möglich, das mit dem Aufzeigen der Ursachen verbunden ist, die ein umweltschonendes Verhalten nicht haben entstehen lassen können.

Die folgenden drei Beispiele werden zeigen, daß die Indutrie den weitaus größten Anteil an der Umweltverschmutzung (und Umweltbelastungen generell) hat, obwohl diese Tatsache in der Literatur häufig beschönigt wird und in staatlichen Publikationen gänzlich in den Hintergrund tritt. Es handelt sich bei den von der Industrie ausgehenden Umweltschäden nur zu einem Teil um unmittelbar aus dem Produktionsprozeß hervorgehende Störungen, die somit direkt auf die Sozialgruppe der Eigentümer industrieller Produktionsmittel zurückgingen (z.B. Einleitung toxischer Abwässer in Flußläufe). Ein ebenso erheblicher, wenn nicht weitaus größerer Anteil wird zwar durch dieselbe Sozialgruppe in seinem umweltbelastenden Charakter geprägt, aber bleibt zunächst latent; wirksam wird er erst beim Verbraucher (z.B. Zunahme des Müllberges der privaten Haushalte). In diesem Falle entwickelt die Industrie Gefahren, die beim Bürger, der die gefertigten Produkte in Anspruch nimmt, weil ihm keine Alternative zur Verfügung steht, zwingend in Störungen umschlagen müssen.

Sowohl die direkte als auch die indirekte Umweltschädigung durch die Industrie werden von demselben Mechanismus determiniert. Die Entwicklung von Produktionsabläufen und Verkaufsstrategien hat bei dem Erreichen des größtmöglichen Profits pro Produktionseinheit ihren optimalen Punkt erreicht. D.h. die Produktion ist am Prinzip der Profitmaximierung orientiert (Kade, S. 262). Kosten müssen so weit wie möglich aus der Kalkulation externalisiert werden. Dieses Minimalprinzip[3] wird raumwirksam, sobald die Vermeidung oder Auslagerung von Ko-

---

3 Das Minimalprinzip (Sparprinzip) besagt, daß die Herstellung eines Produktes mit einem möglichst geringen Einsatz von Mitteln anzustreben ist.

sten Umweltbelastungen bewirkt. Da diese Möglichkeit, Profite zu maximieren, unserem Gesellschafts- und Wirtschaftssystem inhärent ist, wird dieses Verhalten gesellschaftlich nicht oder kaum sanktioniert. Dies erklärt die Passivität der Öffentlichkeit gegenüber Umweltschädigungen durch die Industrie im Verhältnis zu der Erregtheit über eine weggeworfene Zigarettenschachtel. Das Minimalprinzip gehört zu einer Wirtschaftsordnung, die zu starkem wirtschaftlichen Wachstum geführt hat und weiter führen soll. Der Bestandteil einer solchen Ökonomie muß selbstverständlich (trotz aller negativen Nebenerscheinungen) staatlich geschützt werden. Zwei Zitate seien ergänzend hinzugefügt:

Dr. H. Waffenschmidt, MdB, 1. Vizepräsident des Deutschen Städte- und Gemeinebundes:

„So wird oft die Umweltverschmutzung durch die Industrie angeprangert; die Umweltwirkungen von achtlos zurückgelassenen Picknickabfällen, des eigenen Wagens, der eigenen Ölheizung dagegen werden übersehen" (S. 57).

Staatssekretär Prof. Dr. W. Meckelein:

„Es ist sehr leicht und allzu billig, die Anklage ständig an anonyme Adressaten zu richten und den Staat, die Wirtschaft, die Industrie usw. für alles verantwortlich zu machen" (S. 9).

Es scheint an dieser Stelle angebracht, auf einen Antagonismus hinzuweisen, der sichtbar wird, wenn man zu dem eben Gesagten die Intentionen vieler Bürgerinitiativen in Beziehung setzt, die sich die Reinhaltung ihrer Umwelt zur Aufgabe gemacht haben und an Wochenenden Flußufer reinigen (die zum größten Teil durch die Industrie, die Produktion verschmutzt worden sind) und im übrigen ihre Aktivitäten in die Entfaltung eines Umweltbewußtseins im Bürger investieren. Die wahren Bedingungsgrundlagen werden nicht angetastet. Sie bekämpfen die Folgen von Ursachen, die sie durch ihr unangebracht angepaßtes Verhalten hegen. Insbesondere diese zuletzt dargestellte Problematik der Bürgerinitiativen und des Umweltbewußtseins bedarf der didaktischen Reflexion.

2.1.2.1. Schädlingsbekämpfungsmittel

Die Umweltschäden, die von Pestiziden ausgegangen sind, lassen sich im allgemeinen nicht so unmittelbar im Raum erkennen, wie dies bei Eingriffen in die Landschaft möglich ist (z.B. Kieskuhlen, Braunkohlentagebau). Die sozialgeographischen Betrachtungen müssen daher an einzelnen, geschädigten Geofaktoren angeknüpft werden. Die sich aus der Anwendung von Pestiziden (insbesondere DDT) ergebenden Beeinträchtigungen des ökologischen Gleichgewichtes sind in groben Zusammenhängen unter Punkt 2.1.1. abgehandelt worden. Damit sind auch die Ursachen spezifischer Umweltschäden im ökologischen Sinne ermittelt. Es ist nun in die nächste Ebene der Genese der konstatierten Schäden einzudringen, somit die Frage zu beantworten, welche Ursachen die Anwendung der Pestizide hatte und weshalb nach Bekanntwerden der schädigenden Nebenwirkungen der Chemikalien die Anwendung fortgesetzt worden ist oder nur andere Mittel verwandt wurden, die in ihrer Toxizität nicht erheblich ungefährlicher waren. Die folgenden Betrachtungen werden primär auf die USA bezogen, weil sich die Auseinandersetzung dort sehr ausführlich und konfliktreich zugetragen hat. Der Einsatz von Pestiziden wurde und wird im wesentlichen von zwei großen Gruppen gestützt. Es besteht jeweils ein unmittelbares Interesse an der Anwendung der Mittel, das nicht von humanitären Gedanken (Sicherung der Welternährung) getragen wird, sondern von eigennützigen Profitinteressen. Durch die Herstellung von Pestiziden konnte die petrochemische Industrie ihre Ertragslage erheblich verbessern. Die dazu erforderlichen Umsatzsteigerungen wurden durch die Käufe land- und forstwirtschaftlicher Betriebe ermöglicht, die ihrerseits die erscheinenden Kosten durch erhebliche Gewinnsteigerungen infolge erhöhter land- und forstwirtschaftlicher Erträge kompensieren und als Beitrag für höhere Profite betrachten konnten. Solange die Toxizität von DDT und dessen Resistent noch nicht bekannt waren, mußte der Einsatz des Pestizids, vor allem in Anbetracht der abnehmenden Zahl der Malariaopfer und der Verbesserung der Welternährungslage die Zustimmung der Öffentlichkeit finden, schon aus humanitären Gründen. Nach der wissenschaftlichen Erkenntnis der verhängnisvollen Nebenwirkungen bestand jedoch nur noch ein einseitiges Interesse, und zwar das der Nutznießer, die eine quantitative Minorität darstellten. Die Weiterentwicklung des Sachverhaltes wird daher durch die politischen Kräfteverhältnisse der Gesellschaft bestimmt, damit auch von der realen politischen Kraft des Willens breiter Bevölkerungsschichten. Im Sinne der Verfassung demokratischer Staaten (z.B. BRD, USA) werden solche Interessen im allgemeinen durch demokratisch gewählte Vertretungsorgane des Volkes verwirklicht. Nimmt die (teilweise) Durchsetzung existentieller Interessen, wie die der Vermcidung von Gesundheitsschäden, jedoch derartig lange Zeiträume in Anspruch, wie dies in den USA und der BRD der Fall war (die Anwendung von DDT wurde in der BRD mit Wirkung vom 16.5.1971 (Druitjons, S. 98) und in den USA erst im Januar 1974 (Vogt, S. 58) generell verboten), so liegen die Ursachen sicher weniger in der Zähflüssigkeit der Handlungsweise administrativer Institutionen als in der gesteuerten Verzögerungsstrategie, die von parlamentarischen Kontrollorganen z.T. toleriert, z.T. sicherlich auch begünstigt wird. Die Träger und Schützer solcher Strategien müssen einen Nutzen aus ihrem Verhalten ziehen, das Antrieb ihres Handelns ist. In Anbetracht dieser Geschehnisse entstehen leichte Zweifel an der tatsächlichen Repräsentanz der lohnabhängigen Bevölkerung in den demokratischen Parlamenten, zumindest an deren politischem Aktionspotential. Leichte Zweifel werden (auf die BRD übertragen) zur Überzeugung, wenn man die soziologische Zusammensetzung der bundesdeutschen Bevölkerung der des Deutschen Bundestages gegenüberstellt, auf die an dieser Stelle jedoch nicht eingegangen werden soll.

Das Prinzip der Profitmaximierung der privatwirtschaftlichen Produktionsweise ist raumwirksam geworden und durchkreuzt vitale Grundansprüche an die menschliche Daseinsbewältigung (z.B. giftfreie Nahrungsmittel). Träger dieses Prozesses (im allgemeinen Sprachgebrauch würde man vom „Verantwortlichen" sprechen) ist die soziale Gruppe der Eigentümer von Produktionsmitteln, die zur Herstellung von Pestiziden eingesetzt worden sind sowie der Eigentümer von land- und forstwirtschaftlichen Produktionsmitteln und Boden. Die für die soziale Gruppe konstitutiven Merkmale sind 1. die private Verfügungsgewalt über Produktionsmittel, 2. die privatwirtschaftliche Anwendung des Prinzips der Profitmaximierung und 3. die Schaffung spezifischer Umweltschäden. Die ökonomische Macht dieser Gruppe („Bereitstellung" von Arbeitsplätzen, Steuerzahlungen an staatliche Einrichtungen, Macht kraft Kapital) bedeutet gleichwohl politische Macht, die zum eigenen Nutzen ausgeübt wird, ungeachtet eines eventuellen Zuwiderlaufens gegen die Bedürfnisse anderer Gruppen, jedoch nur so lange, als diese

kein politisches Gegengewicht zur eigenen Interessenvertretung bilden können, etwa durch solidarisches Handeln. Dies kann erst nach einem langfristigen Prozeß der Bewußtseinsbildung, der die Erklärung der Bedingungen zum Gegenstand hat, die die Gesellschaft (hier die BRD oder die USA) konstituieren, dargestellt werden.
Die hier kurz abgehandelten Hintergründe, aus denen sich die gezeigte Notwendigkeit politischen Handelns ergibt, sind ebenso auf die beiden folgenden Beispiele anzuwenden. Die didaktischen Folgen aus diesen Überlegungen werden unter 2.2. beschrieben.

2.1.2.2. Abfall

Die Umweltverschmutzung durch Abfälle hat einen deutlicheren Niederschlag im Raum gefunden als das bei der Störung des ökologischen Gleichgewichtes durch DDT der Fall ist.
Insbesondere für die Verschmutzung unserer Umwelt mit Müll wird immer wieder der einzelne Bürger verantwortlich gemacht. So stellt E. Nitschke fest, daß „die Kosten für die immer teurer werdende Müllbeseitigung ... in vollem Umfange derjenige zu tragen haben (wird), der dafür sorgt, daß jetzt buchstäblich alles im Eimer ist: der Bürger" (S. 23). Er wird damit in populärem Stil als Hauptverantwortlicher dargestellt. Der Bundesregierung scheint daran gelegen zu sein, im Bürger ein ähnliches (Schuld-)Bewußtsein zu entfalten. Sie stellt in ihrem Umweltprogramm fest, daß von der Gesamtmenge der in der BRD aufkommenden Abfälle in 1970 auf Hausmüll 114 Millionen m^3, damit 71,25 % entfallen. An Inertmaterialien aus Bergbau, Stahlgewinnung usw. werden 10 Millionen m^3, das sind 6,25 % des Gesamtvolumens, ausgewiesen (S. 98). Als Quelle des Zahlenmaterials wird „Projektgruppe Abfallbeseitigung" angegeben. Die Projektgruppe gibt für 1970 zwar diese Zahlen an, jedoch in einem größeren Zusammenhang (S. 40). So hat man das Hausmüllvolumen der Ballungsräume in der Statistik des Umweltprogramms auf die gesamte BRD bezogen und diesem Betrag von 98 Millionen m^3 hausmüllähnliche Gewerbabfälle von 16 Millionen m^3 zugeschlagen. Ferner fehlen gänzlich die Abfälle aus der Tierhaltung in der Landwirtschaft einschließlich Massentierhaltung in Höhe von 191 Millionen m^3 – das sind rund 54 % des tatsächlichen Gesamtabfallaufkommens. Schließlich sind der Tabelle der Projektgruppe die m^3-Werte und nicht die Angaben in Millionen t entnommen worden. Hätte man sich auf die Ge-

wichtszahlen gestützt, wäre die Bedeutung des Hausmülls noch weiter in den Hintergrund getreten. Nach dieser Berechnungsgrundlage entfielen vom Gesamtabfallaufkommen von 1970 auf den Hausmüll 5,7 % (gegenüber 71,25 % laut Umweltprogramm), auf Inertmaterialien 7,7 % (gegenüber 6,25 %) und auf Abfälle aus der Tier- und Massentierhaltung 73,8 %. Diese Daten enthalten nur die amtlich erfaßten Werte, so daß sich eine weitere Veränderung zu Lasten anderer Träger als privater Haushalte ergäbe, wenn man z.B. die „schwarz" beseitigten industriellen und gewerblichen Abfallmengen hinzurechnen könnte.

Durch die tendenziöse Auswahl von Informationen wird der angestrebte Effekt des Umweltprogrammes zum Abschnitt „Abfallbeseitigung" deutlich. Das industrielle und gewerbliche Abfallaufkommen soll mit geeigneten Kriterien in den Hintergrund gespielt werden, damit das Problem „Hausmüll" dominiert und die öffentliche Hand dadurch in die Lage versetzt wird, die Anwendung des Verursacherprinzips[4] auf die Abfallbeseitigung „entschiedener als bisher" ankündigen zu können (Umweltprogramm, S. 99f.). Der Bürger wird auf höhere Gebühren vorbereitet, obwohl er nur zu einem geringen Teil die Notwendigkeit dazu geschaffen hat. An anderer Stelle heißt es dagegen, daß sich das Verursacherprinzip nicht immer anwenden lassen wird (ebd., S. 47). Solche Einschränkungen finden sich mehr oder weniger explizit formuliert in zahlreichen Publikationen, sind aber nie auf den Bürger als den Personenkreis bezogen, bei dem gegebenenfalls besagte Einschränkungen gemacht werden können. „Letztlich ist es auch im Interesse des Bürgers, das Prinzip auf den Unternehmer nicht so rigoros wie auf ihn selbst anzuwenden, denn der Konsument trägt entsprechende Kosten in Form höherer Preise als letzter in der Hersteller-Verbraucher-Kette sowieso"; diese latente Rechtfertigung schwingt in den Ausführungen des Umweltprogrammes zum Verursacherprinzip.

In der Literatur werden beachtlich viele Worte investiert, um den Bürger als *den* Umweltverschmutzer darzustellen (s. a. 2.2.1.). Dabei scheint es, als werde die eigentliche Herkunft des Hausmülls gar nicht bedacht. Die Benutzung der Plastiktüte, die Benutzung schäumender Seife, die

---

4 Nach dem Verursacherprinzip muß derjenige die Kosten einer Umweltbelastung tragen, der für ihre Entstehung verantwortlich ist. Das Prinzip wird flexibel angewandt, d.h. der Grad der Anwendung wird von der Fähigkeit des Unternehmers bestimmt, die entstehenden Kosten auffangen zu können, ohne dabei an wirtschaftlicher Potenz einbüßen zu müssen.

Inanspruchnahme des umweltfeindlichen Autos werden als Umweltverschmutzung angeprangert (Rieger, S. 24), nicht dagegen die Produktion der Plastiktüte etc. Eine Wirkung soll als Ursache erkannt werden. Zur Dokumentation der Realität sei exemplarisch auf die möglichen Folgen der Einführung der PVC-Flasche für Bier hingewiesen. Auf die Stadt Hamburg übertragen würden jährlich 300 Millionen Flaschen zu verbrennen sein, wobei 7000 Tonnen Salzsäure durch den Schornstein freigesetzt würden. Es wären theoretisch mit der Einführung 58000 Mülltonnen, 140 Mann Müllabfuhrpersonal und 25 Fahrzeuge erforderlich (Nitschke, S. 24). Die Kosten hierfür würden im Rahmen der turnusmäßigen Müllabfuhr dem Bürger in Form von Gebühren abverlangt. Er hat die PVC-Flasche jedoch nicht gefordert.

Eine Aussage des Umweltprogramms sei dem hinzugefügt: „Es bleibt auch weiterhin grundsätzlich Sache der Unternehmer, neue umweltfreundliche Produkte und Verfahren zu entwickeln, und das Risiko dafür selbst zu tragen" (S. 49).

Ein umweltbewußtes Konsumverhalten kann vom Verbraucher nicht erwartet werden, solange er nur zwischen Packungen wählen kann, die in gleicher Weise umweltfeindlich sind. Die Entscheidung über „rationelle" Produktionstechniken sowie werbetechnisch effektive Produkte und Verpackungen zu Lasten eines immer größer werdenden Abfallaufkommens wird durch quantitive Minoritäten gegen das Interesse einer Mehrheit getroffen. Analog zum vorangegangenen Beispiel stellen sie in ihrer Gesamtheit eine soziale Gruppe dar, die den Prozeß der Umweltverschmutzung durch umweltfeindliche Produktion trägt, der beim Verbraucher notwendig raumwirksam wird. Der Belastete ist somit die quantitativ sich in der Mehrheit befindende Gruppe der Verbraucher, die nach dem Verursacherprinzip zu den Abfallbeseitigungskosten herangezogen wird. Ihr politisches Aktionspotential ist dem der Nutznießer und Träger des o. g. Prozesses z. Z. unterlegen. Deshalb kann es auch zu der Argumentation „Bürger – Verursacher" kommen, die sowohl auf privatwirtschaftlicher als auch auf staatlicher Seite artikuliert wird. Öffentliche Hand und freie Unternehmer verfolgen in jeweils eigenem Interesse (höhere Gewinne bzw. höhere Steuereinnahmen) eine Strategie gegen den Verbraucher, d. h. fordern von ihm mit der genannten Argumentation den größten Kostenanteil für die Abfallbeseitigung. Solange sich der Bürger aufgrund askriptiver Aussagen von öffentlicher Hand und freier Wirtschaft, die auf fehlerhaften Kausalitäten basieren, als Verursacher begreift, und sich nach dem Verursacherprinzip auch weiterhin bei steigender Abfallmenge, die nicht primär von ihm verursacht ist, zu den Beseitigungskosten heranziehen läßt, wirkt er stabilisierend auf die derzeitigen, diese Situation begründenden Bedingungen. Er kann sich jedoch nur gegen diese Mechanismen erfolgversprechend zur Wehr setzen, wenn er politische Macht ausüben kann. Weiter gilt das zu den Aspekten politischen Handelns schon Gesagte; im übrigen siehe 2.2.

2.1.2.3. Gewässerverschmutzung

Den entscheidenden Anteil an der Verschmutzung der Gewässer hat die Einleitung von Abwässern (s. 2.1.1.). Die Gewässerverschmutzung ist in den Agglomerationsräumen am weitesten fortgeschritten (Düsseldorf, Köln, Rhein-Main-Raum, Ludwigshafen, Mannheim). Eine hohe Bevölkerungsdichte und eine starke Industrialisierung kennzeichnen diese Gebiete. Im Jahre 1968 wurden die Abwässer von 27% der Einwohner der BRD mechanisch und vollbiologisch, von 41% nicht gereinigt (Gassmann, S. 11). Da selbst nach vollbiologischer Reinigung noch Bakterien in die Gewässer gelangen, die in großem Vorkommen das ökologische Gleichgewicht beeinträchtigen können, sind Gefahren bei ungeklärten Abwässern unvergleichbar größer. Nicht alle Kommunen sind aufgrund ihrer Haushaltssituation in der Lage, vollbiologisch arbeitende Kläranlagen zu bauen. Die Zuschüsse übergeordneter Körperschaften sind für viele Gemeinden zu niedrig. Im übrigen läßt ein „einnahmeorientiertes" Denken von Hauptverwaltungsbeamten und Mitgliedern maßgeblicher Kollegialorgane Gedanken zum Schutz der Umwelt nur zu, wenn sie gleichzeitig wirtschaftlich interessant sind oder wenn der Druck der Öffentlichkeit zu groß wird, was jedoch gegenwärtig noch eher die Ausnahme als der Normalfall ist. Rentierliche Maßnahmen (z.B. regionale Wirtschaftsförderung) werden unrentierlichen (z.B. Bau einer Kläranlage) in der Regel vorgezogen, da sie sich in den folgenden Haushaltsjahren fördernd auf den Haushalts-Etat auswirken (z.B. Unterstützung bei der Industrieansiedlung = Aussicht auf höhere Gewerbesteuereinnahmen). So würde eine Kläranlage so lange sicherlich nicht angelegt, wie die Folgeerscheinungen einer ungeklärten Ableitung – etwa in Wasserläufe oder auf Riesenfelder – keine wirtschaftlichen Interessen beeinträchtigen würden. Das können auch Interessen der Kommune selbst sein; sobald dagegen die Wasserversorgung durch die Folgeerscheinungen einer ungeklärten Abwasserbeseitigung langfristig teurer wird als der Bau einer Kläranlage, wird das Projekt in Erwägung gezogen werden. Fragen des Umweltschutzes gehen in ein finanzpolitisches Kalkül ein. Die Entscheidung determiniert nicht ein Umweltschaden oder die Aussicht seines baldigen Eintritts, d. h. die Verschlechterung menschlicher Lebensbedingungen, sondern die ökonomischen Lasten seiner Bewältigung.

Die Ursachen für die Verschmutzung der Gewässer mit toxischen Industrieabwässern liegen einerseits in unzureichender Klärung, andererseits in unkontrollierten, z. T. völlig ungeklärten Abwässern. „Schwarz" eingeleitete Abwässer sind in der Regel die größte Bedrohung für das ökologische Gleichgewicht der Gewässer, da sie die höchste Konzentration toxischer Stoffe aufweisen. Sogar das Umweltprogramm stellt fest, daß etwa die Hälfte des in der Industrie anfallenden Schmutzwassers und das meiste Kühlwasser unmittelbar in die Gewässer gelangen (S. 120). Für zahlreiche Industriebetriebe, die nach diesem kostensparenden Prinzip der Abwasserbeseitigung verfahren, geben betriebswirtschaftliche Erwägungen den Ausschlag zu solchem Handeln. Insbesondere wenn eine betriebsinterne Kläranlage defekt wird, ist dies die preisgünstigste Methode der Kostenauslagerung. Ein Bußgeldkatalog sollte die Verschmutzung der Gewässer (und allgemein der Umweltverschmutzung) eindämmen. Zum Teil sind die verhängten Strafen jedoch erheblich geringer als die durch ordnungsgemäße Beseitigung von schadstoffbelastetem Abwasser zu leistenden Aufwendungen, so daß auch Bußgelder zum Kalkulationsfaktor werden können, und zwar zu einem günstigen. Auch Kontrollmessungen in Flüssen zeigen nicht immer den gewünschten Erfolg. Da sie innerhalb der regulären Arbeitszeit erfolgen, werden die Abwässer oft an Sonn- und Feiertagen und während der Nacht eingeleitet (Druitjons, S. 50).

„Der freie Konkurrenzmechanismus zwingt also die Unternehmensführung dazu, Produktionskosten soweit wie möglich ‚auszulagern', zu externalisieren, oder anders gesprochen, die freien Umweltgüter möglichst gut ‚auszunutzen', das heißt kostenlos mit Abfällen oder Abwässern zu belasten. . . . Damit divergieren einzelwirtschaftliche und gesamtgesellschaftliche Rationalität" (Hansmeyer u. Rürup, S. 30).

So kann vom freien Unternehmer kein Umweltbewußtsein erwartet werden, das ihn um seine Konkurrenz- und Existenzfähigkeit bringen würde. Es widerspräche den unser Gesellschaftssystem erhaltenden privatwirtschaftlichen und volkswirtschaftlichen Prinzipien. Das bedeutet, daß unser kapitalistisches Gesellschafts- und Wirtschaftssystem einige Eingriffe und Veränderungen erfahren müßte, wollte man verantwortungsbewußtes Handeln gegenüber der Umwelt dort erreichen, wo es gegenwärtig nicht vollzogen werden kann. Dann erübrigte sich die derzeitige Praxis der Herrschenden, aus Angst vor der Entlarvung als tatsächliche Verursacher, schnell jene als die Urheber zu verkünden, die sonst zu der so befürchteten Erkenntnis gelangen könnten, nämlich die Verbraucher. Es wird an späterer Stelle zu zeigen sein, daß sich diese Angst mit zunehmender Kritikfähigkeit der Öffentlichkeit bei Staat und Unternehmer so tief verwurzelt hat, daß sie den Aufbau von Abwehrmechanismen in Presse, Fachliteratur, Bürgerinitiativen, Fernsehen und Schulbüchern zur Folge hatte.

2.2. Fragen des Bildungswertes

Unter Bildungswert (auch Bildungsgehalt und Bildungsinhalt) versteht Willmann den Gehalt eines Lehrgegenstandes, der nach erfolgreichem Lernprozeß bestimmend in die Vorstellungen und Gedanken des Geistes eingreift und eine innere Gestaltung bewirkt (S. 324). Er ist nichts im Unterrichtsstoff konkret Enthaltenes. Vielmehr handelt es sich dabei um Strukturen, die dem Gesamtgehalt eines Lehrgegenstandes zugrunde liegen und durch Erkenntnis der Problematik konkreter Unterrichtsinhalte kognitiv oder affektiv erschlossen werden. Der gesamte Gehalt eines Lehrgegenstandes wird nun in seiner Relevanz im Verhältnis zum Bildungswert sichtbar; er erhält primär didaktisch-instrumentale Funktion, d.h. über den Unterrichtsstoff soll als Ziel eine Fähigkeit oder Fertigkeit erreicht werden, die in ihrer Internalisierung im Schüler und in ihrer realen Anwendbarkeit nicht an den konkreten Stoff gebunden ist, in dessen Kontext sie erlernt wurde. Der Unterrichtsstoff wird nicht des Lernens seines Volumens wegen angeboten, sondern aufgrund seines exemplarischen Charakters für den Bildungswert. Sicherlich trägt er daneben zur Erreichung affirmativer Lernziele bei. Dieser Funktion kommt jedoch erst sekundäre Bedeutung zu.
Klafki stellt fest, „daß alles, was Bildungsinhalt zu heißen beansprucht, zugleich einen Bezug zur Zukunft des zu Erziehenden haben muß, jener

Zukunft, für die die Erziehung den jungen Menschen ausrüsten will ..."
(S. 13). Da diese Zukunft von der soziokulturellen Situation bestimmt wird, in der er sich zur Zeit befindet und in der er sich in seiner Zukunft befinden wird (diese müssen nicht identisch sein), ebenso aber auch durch den künftigen kulturellen Status einer Gesellschaft determiniert wird, der unmöglich voraussehbar ist, wird eine echte Zukunftsorientiertheit von Bildungswerten sehr zweifelhaft. Bildungswerte können allenfalls eine Orientierung an unmittelbar bevorstehenden Veränderungen und kalkulierbaren Trends suchen. Eine Zukunftsorientiertheit dagegen, die dem Schüler bei der Bewältigung von weit in der Zukunft liegenden, nicht prognostizierbaren Problemsituationen nutzbare Fähigkeiten zur Verfügung stellt, ist leistbar, soweit sie nicht fachspezifisch aufgefaßt wird, sondern in allen Schulfächern angestrebt wird. Träger dieser Funktion könnte das affektive Lernziel sein; im einzelnen siehe hierzu 2.3.1.

Neben der Zukunftsrelevanz muß der Bildungswert und der um ihn angeordnete Unterrichtsstoff für die gegenwärtige Situation des Schülers bedeutungsvoll sein. D. h. der (z. B. geographische) Unterrichtsgegenstand sowie die dazugehörigen Lernziele sollen die gegenwärtige Welt des Schülers tangieren, was nicht bedeuten soll, daß der Bezug ausschließlich in der unmittelbaren räumlichen und gesellschaftlichen Umwelt gesucht werden muß. Das Interesse des Schülers kann sich unter Berücksichtigung der modernen Massenmedien bereits fremden Bereichen zugewandt haben (etwa im räumlichen, im gesellschaftlichen oder im technischen Bereich), so daß die „gegenwärtige Situation des Schülers" im weitesten Sinne aufgefaßt werden sollte und durch den Lehrer immer wieder neu erfahren werden muß. Soweit Interessen für bestimmte Unterrichtsgegenstände, die die Situation des Schülers betreffen, nicht vorhanden sind, so können und sollten sie durch den Lehrer zur Entfaltung kritischer Intelligenz und zur Grundlegung jeder wissenschaftlich-technischen und gesellschaftlichen Fortentwicklung über die Förderung des Neugierverhaltens (Martens, S. 338) geweckt werden.

Die Basis des Unterrichtsgegenstandes soll die Fachwissenschaft sein. Diese Selbstverständlichkeit läßt in der Geographie 2 (bzw. 3) Alternativen zu. Es könnten physiogeographische (= ökologische) Inhalte den Unterricht bestimmen, ebenso können es sozialgeographische Problemkreise sein. Als dritte Möglichkeit ergibt sich die schon eingangs für den Bereich „Umweltschäden, -gefahren" etc. geforderte (S. 11 f.) Verbindung beider Ansätze, der aber auch im Hinblick auf andere Unterrichtsgegenstände Nachdruck zu verleihen ist. Erst dann kann den ökologischen Betrachtungen durch sozialgeographische Aspekte im Nachhinein eine hinreichende Gesellschaftsrelevanz verliehen werden, ohne die ein Bildungswert den Schüler nur unzureichend auf ein selbstbestimmtes, kritisches Leben in einer Gesellschaft vorbereitet, die insbesondere dort transparent zu sein scheint, wo sie sich tendenziös im Sinne derer produzieren kann, die ihr ständig von neuem den derzeitigen Funktionsablauf sichern.

Die Gesellschaftsrelevanz von Bildungswerten ist deshalb unerläßlich für die Befähigung des Schülers, sich mit seiner sozialen Umwelt kritisch und aktiv auseinanderzusetzen. Sie bleibt aber relativ bedeutungslos, wenn ihr nicht im gesamten Fächerkanon eine entsprechende Stellung in der didaktischen Analyse eingeräumt wird.

Schließlich seien Selbstverständlichkeiten wie der schon kurz erwähnte exemplarische Charakter als Anforderung an den Bildungswert genannt (z.B. Behandlung des Müllproblems exemplarisch für Fragen zu Umweltschäden und -schutz) und die Stufengemäßheit eines Unterrichts, was jedoch mehr eine methodische als eine didaktische Frage ist.

Die Bildungsaufgabe des Geographieunterrichts ist ein Teil des fächerübergreifenden Bildungsauftrages der Schule. Die Ziele des in ihr stattfindenden pädagogischen Handelns sind für alle Schulfächer maßgebend. Die Schule hat gegenwärtig nicht mehr nur die Aufgabe, Faktenwissen zu vermitteln und den Schüler zu qualifizieren, durch den Gebrauch des Erlernten gesellschaftliche Bedürfnisse zu erfüllen. Sie muß es vielmehr als ihre Funktion betrachten, die gesellschaftliche Existenz zugleich zu ermöglichen und zu kritisieren (v. Hentig, 1971, S. 14). Die Erfüllung dieser Funktion erfolgt über die Findung allgemeiner Lernziele und deren Realisierung. Da die Entwicklung solcher Kategorien gegenwarts- und zukunftsbildens ist, kommt der Schule im weiteren Sinne eine politische Aufgabe zu (v. Hentig, 1973, S. 8). Folgende 13 Kategorien hat v. Hentig als allgemeine Lernziele der Gesamtschule gebildet, die an den genannten Gedanken orientiert sind:

1. Das Leben in der sich beschleunigt veränderten Welt
2. Das Leben in der arbeitsteiligen (spezialisierten) Welt
3. Das Leben in der von Wissenschaft und Technik rationalisierten Welt
4. Das Leben im Beruf zwischen Theorie und Praxis

5. Das Leben in der Fülle der Mittel und der Vielfalt der Ziele
6. Das Leben mit der Kunst
7. Das Leben in der Demokratie, in Politik, in der Öffentlichkeit
8. Das Leben in der Konsumgesellschaft
9. Das Leben in der säkularisierten Welt
10. Das Leben mit einigen Entlastungstechniken
11. Das Leben mit dem eigenen Körper, mit den Trieben
12. Das Leben mit den anderen Generationen
13. Das Leben in der *einen* Welt; (v. Hentig, 1971, S. 13 ff.).

Es könnten andere Kategorien gefunden werden, die jedoch ebenso allgemeinen Charakter haben müßten wie die von v. Hentig, um noch den Anspruch erheben zu können, fächerübergreifend orientiert zu sein. Von entscheidender Bedeutung für die Bewertung allgemeiner Lernziele sollte die über ihnen stehende und hier schon dargestellte Intention sein, im Schüler keine statischen Verhaltensweisen zu entwickeln, die an spezifischen Anforderungen orientiert sind, sondern die Dynamik der individuellen Autonomie.

Dem Anspruch der allgemeinen Lernziele müssen die Kategorien zur Findung von geographischen Bildungswerten zur unterrichtlichen Behandlung von Umweltschäden entsprechen. Sie sollen in den folgenden vier Punkten erörtert und gerechtfertigt werden.

2.2.1. *Auseinandersetzung mit dem Raum*

Nach der Münchner Konzeption der Sozialgeographie setzt sich die Gesellschaft mit dem Raum auseinander, indem raumwirksame Prozesse von sozialen Gruppen getragen und hierdurch die verorteten Einrichtungen zur Daseinsbewältigung innerhalb einer spezifischen Daseinsgrundfunktion geschaffen werden, was eine Inwertsetzung des Raumes bedeutet. Indem Ruppert & Schaffer ausführen: „Im Sinne des ‚creative adjustment' überformt die Gesellschaft ihre Umwelt in Gestalt der ‚funktionierenden Stätten', die den räumlichen Ablauf des Lebens ermöglichen" (S. 185), sprechen sie ein schöpferisches Moment im Menschen an. Unter „Auseinandersetzung mit dem Raum" soll jedoch hier der Aspekt der Anpassung der Daseinsbewältigung an bereits geprägte Raummuster gesehen werden, d.h. das Leben mit Umweltschäden. Sicherlich kann hier nicht von einem „creative adjustment" gesprochen werden; mehr wohl von einer Anpassung, deren einzige Alternative die Flucht ist (sozialgeographisch = die räumliche Mobilität sozialer Gruppen).

Betrachtungsgegenstand, damit zugleich Bezugsrahmen des Bildungswertes ist nicht wie bei der Länderkunde der Raum seiner selbst willen, sondern ein sozialer Prozeß, der vom Raum ausgeht. Damit rückt grundsätzlich *jeder* Raum in die didaktische Perspektive; Priorität ist das Raum*problem* – d.h. der Umweltschaden. Er muß geeignet sein, die von ihm ausgehende Determination menschlicher Existenz exemplarisch zu verdeutlichen; es kann sich also nicht um eine singuläre Erscheinung handeln. Hierbei darf einerseits nicht der Eindruck eines Umweltdeterminismus moderner Art (Abhängigkeit von geschaffenen räumlichen Bedingungen, was sehr leicht im Hinblick auf 2.2.3. zu einem Transfer auf soziale Bedingungen führen kann), erweckt werden, während andererseits drastisch hervorgehoben werden muß, daß der Mensch in seinen vitalsten Bedürfnissen (Sauerstoff, sauberes Trinkwasser, gemäßigte Ruhe etc.) erhebliche Einschränkungen hinnehmen muß.

In vielfältigen Formen treten Umweltschäden in Agglomerationsräumen auf, die durch eine starke Industrialisierung und hohe Bevölkerungsdichte gekennzeichnet sind (insbesondere Rheinisch-Westfälisches Industriegebiet, Rhein-Main-Raum und Stuttgart). Der größte Teil der dort lebenden Bevölkerung muß mit gesundheitsgefährdenden Belastungen leben, ohne sich dagegen schützen zu können (z.B. Luftverschmutzung oder chemisch aufbereitetes Trinkwasser). Anderen Formen von Umweltschäden kann hingegen mit Schutzmaßnahmen begegnet werden (Lärm-Schallisolierung).

Schutz in Form von Anpassung der Lebensbedingungen an lebenserschwerende und -bedrohende Erscheinungen der Umwelt enthält jedoch ein resignatives Moment. Es wird staatlicherseits wenig unternommen, diese Haltung durch Öffentlichkeitsarbeit zu einem kritischen Bewußtsein zu führen, das zu aktivem Handeln fähig macht, die Ursachen einer Belästigung zu bekämpfen. Man weist hingegen z.B. darauf hin, „daß die Technik heute eine Reihe von Möglichkeiten bietet, sich im Wohnbereich gegen Lärm zu schützen" (Maihofer, S. 52). Solange sich die Aufmerksamkeit der betroffenen Öffentlichkeit auf Schutzmöglichkeiten richten läßt, hat sie das Umweltproblem, mit dem sie leben muß, als nahezu „normal", als Teil der unzähligen, täglich wiederkehrenden „Unannehmlichkeiten" internalisiert. Politisches Potential, das sich in aktivem Handeln gegen die Ursachen der bereits nicht mehr wahrgenommenen, im Grunde aber gravierenden Umweltschäden richten könnte, ist in der Regel dann nicht mehr zu erwarten.

Die räumliche Mobilität als Ausweg aus der Betroffenheit bleibt vor allem in Ballungsräumen jenen vorbehalten, die aufgrund ihrer ökonomischen Lage höhere Mieten, regelmäßig entstehende Fahrtkosten zwischen Wohnung und dem Arbeitsplatz und andere Aufwendungen tragen können. Da in Industriegebieten die Mehrheit der Bevölkerung hierzu nicht fähig sein wird, ist sie den gegebenen räumlichen Bedingungen alternativlos ausgeliefert. In Anbetracht dieser Bedingungen besteht die Möglichkeit, daß sich ein kritisches Bewußtsein zum Thema „Umweltschäden" entwickelt, das zur Analysierung der zu Umweltschäden führenden Handlungsweisen befähigt. Damit könnte die Realisierung insbesondere von Interessen industrieller und staatlicher Institutionen insoweit erschwert werden, als die Öffentlichkeit sich in zweifacher Hinsicht als Betroffene begreifen würde. Einerseits empfände man Umweltschäden als Beeinträchtigung der Daseinsbewältigung, andererseits erschienen sie nun zusätzlich als Gegengewicht eines Profites, der nur erwirtschaftet werden konnte, weil bestimmte Unternehmergruppen keine umweltfreundlichen Produktionstechniken anwandten, also Produktionskosten ausgelagert haben und staatliche Institutionen, beginnend bei der politischen Gemeinde, bzw. Stadt, diese Handlungsweisen duldeten, da sie an dem erwirtschafteten Profit partizipierten. Auf der Grundlage dieses Erkenntnisstandes könnten Aktivitäten zur Veränderung dieser Bedingungen entstehen, die sich gegen die privatwirtschaftliche Verfügungsgewalt über die Produktionsmittel richten würden.

Vor allem staatlich getragene Strategien zur Bewußtseinsbildung – besser: zur Schuldbewußtseinsentwicklung – haben ihr Ziel bislang nicht verfehlt, dem dargelegten hypothetischen Prozeß entgegenzuwirken, indem die Verantwortung für Umweltschäden auf denjenigen projeziert wird, der Aktionspotential gegen den tatsächlichen Urheber von Umweltschäden entwickeln könnte, das er jedoch nach Verarbeitung spezifischer Information nur noch gegen sich selbst richten kann. Die notwendige Aufklärung erfährt die Öffentlichkeit durch Fernsehen („Der erste Schritt zum Umweltschutz"), Presse, Plakate, Unterstützung von Bürgeraktionen (etwa Säuberungsaktionen im o.g. Sinne als bewußtseinsbildende Maßnahmen) u.a. Auch Schulbücher sind Träger problembezogener Informationen. Oberste Maxime der Umweltaufklärung ist die Entwicklung von unbewußtem Verhalten des Bürgers (Drucksachen Bundestag, S. 5), denn er benutzt die Plastiktüte, die schäumende Seife, die bequeme Ölheizung und das billige Auto (s. S. 27). Die Kette der

askriptiven Aussagen, die *den* Bürger zu *dem* Verursacher von Umweltschäden macht, läßt sich fortsetzen: „In diesem Buch versuchen wir, ein Bild der Situation wiederzugeben, in die sich der Mensch gebracht hat" (Palmstierna, S. 8). „Mit dem Sich-Verhalten gegenüber der Umwelt beginnt die Lösung der Probleme" (Meckelein, S. 9). „Schließlich ist der größte Feind der Umwelt die Verantwortungs- und Gedankenlosigkeit des Menschen" (Hartkopf, S. 50).
Hier und da tauchen in der Presse, vor allem in Illustrierten, farbige Fotos über Umweltschäden in industriellen Ballungsräumen zur „Dokumentation" auf. Man bedient sich dabei fototechnischer Spezialverfahren, um ein Optimum visueller Reize zu schaffen. Der Erfolg solcher Medien liegt weit ab von einer Problematisierung. Aktuelle Umweltschäden (wie z. B. starke Luftverschmutzung durch Hochöfen, rauchende Industrieschlote, dampfende Kühltürme) werden zum Gegenstand von Romantisierungsprozessen. Das Foto vermittelt ein ästhetisches Erlebnis. Der Effekt, der erreicht wird, wenn die zum Bild gehörigen Texterläuterungen, die hier in ihrem Inhalt optimistischer weise einmal als problematisierend unterstellt werden sollen, nicht aufgenommen werden, was einem großen Teil von Illustriertenlesern bedenkenlos unterstellt werden kann, intendiert unrealistische Bewußtseinsbilder. Das Bild eines geschädigten Raumes wird nicht Objekt der Kritik. Es dient dazu, über die lebensbeeinträchtigende Realität des Alltages eine Schleier visionärer Farbmodulationen zu legen, d. h. die Problematisierung zum Schutze der bestehenden Verhältnisse zu verhindern, eine „heile Welt" in das Bewußtsein des Individuums hineinzukonstruieren.
Auch in Schulbüchern scheint man bestrebt zu sein, die Aufmerksamkeit von den tatsächlichen Ursachen auf *den* Menschen schlechthin umzulenken. So heißt es in einem didaktischen Kommentar: „. . . daß die Menschen ihre Einstellungen und Verhaltensweisen grundsätzlich ändern müssen. Jeder einzelne muß diese Korrektur seines Umweltverhaltens leisten und umweltfreundliche Verhaltenstugenden aufbauen lernen" (Elemente zur Unterrichtsplanung, 9.1., S. 1).
Im allgemeinen sind die Informationen, sei es in Fernsehen, Literatur oder Schulbüchern, in ihrem inhaltlichen Schwergewicht auf beeindruckende Daten und eine scheinbar „objektive" Dokumentation von Umweltschäden ausgerichtet, die sich leicht mit dem Verhalten des einzelnen in Beziehung bringen lassen (Abfallbeseitigung, Luftverschmutzung), um schließlich als Ausweg aus einer drohenden Gefahr an das eigene

Verhalten eines jeden appelieren zu können. Es wird von ihm umweltbewußtes Verhalten gefordert, das er in der Realität nicht leisten kann, weil die Ursachen für umweltfreundliches bzw. umweltfeindliches Verhalten nicht bei ihm liegen. Dennoch oder gerade deshalb stellt sich der Erfolg ein. Das Individuum „muß" sich umweltfreundlich gebärden wollen. Mit der Einsicht, daß sich die Umweltsituation weiter verschlechtert, kommt es dann zu Assoziationen wie: „Mit dem eigenen Sich-Verhalten gegenüber der Umwelt beginnt die Lösung der Probleme" (s. S. 9 und S. 37) und „derjenige, der dafür sorgt, daß jetzt buchstäblich alles im Eimer ist, ist der Bürger" (s. S. 26). Es ist ein Schuldbewußtsein entstanden, das die Entfaltung politischen Potentials zum Eingriff in die Kausalitäten erschwert.

Der didaktische Wert dieser Betrachtungen liegt in der im Schüler zu entwickelnden Fähigkeit, seine eigene Existenz mit Umweltschäden bewerten zu können. Dabei stellen die auf ihn bezogenen o. g. Mechanismen der Beeinflussung seiner Einstellungen zur Umweltproblematik einen wesentlichen Teilbereich der Realität dar, die der Schüler erkennen lernen soll. Entsprechend ist das übergeordnete Lernziel dieses didaktischen Abschnittes zu bestimmen. Es muß die Qualifikation sein, die tendenziöse Determinierung des Bewußtseins im Hinblick auf die Einstellung zur Umweltproblematik als Ausdruck gruppenspezifischer Interessen erkennen zu können. Hierzu gehört die Darstellung der Macht jener Gruppen, die aufgrund der Verfügungsgewalt und Einwirkungschancen auf die Massenmedien ihre Ziele relativ leicht erreichen können.

Der dargestellte Erkenntnisprozeß muß seinen Niederschlag in der Einsicht finden, daß ein Widerspruch gegen eine politische Macht, sei es im Wort oder im Handeln, als individuelle Aktion in der Regel schon vor ihrem Beginn zum Scheitern verurteilt ist. Die unausgewogenen Machtverhältnisse müssen einander angeglichen werden. Dies wäre der Fall, wenn aus zahlreichen Einzelbereitschaften solidarisches Handeln entstehen würde (s. auch S. 48).

Didaktische Beachtung findet ein Phänomen, das nicht unmittelbar raumwirksam wird, damit in der Gefahr steht, als nicht fachspezifisch abgetan und hinsichtlich einer unterrichtlichen Behandlung voreilig auf Nachbarfächer wie Gemeinschaftskunde oder Sozialkunde verwiesen werden könnte. Kreibich und Hoffmann führen aus, daß es nicht um die Feststellung eines Zustandes und eventuell seiner Genese, sondern immer zugleich um die Frage der Gestaltung der Umwelt durch Menschen, Gruppen und Gesellschaften gehe (Kreibich u. Hoffmann, S. 59). Nach Birkenhauer ist das „leitende Interesse" der Geographie die Aufhellung von Raumstrukturen. „Dabei finden solche Raumstrukturen ein besonderes Interesse, die aus der sogenannten ‚Wechselwirkung' von Mensch und irdischem Lebensraum hervorgehen, hervorgehen werden und hervorgegangen sind" (Birkenhauer, 1975, S. 51f.). Es wird der Anspruch sichtbar, die Entwicklung und Gestalt eines Raumes zu beschreiben und zu erklären. Gerade für die Erklärung eines Umweltschadens als Raumstruktur ist es relevant, welche Mechanismen die Raumwirksamkeit menschlicher Daseinsansprüche in unterschiedlichem Ausmaß und sozialgruppenspezifisch differenziert verhindern. Durch die Unterstützung raumwirksamen Verhaltens (Resultat erfolgreicher Manipulation zur Entwicklung von Schuldbewußtsein) kommt es tatsächlich zur Erhaltung einer Raumstruktur. Es wird die Disparität der Chancen räumlicher Inwertsetzung erkennbar. Macht zeigt sich als entscheidender Faktor für die Inwertsetzung des Raumes. Sozialgeographisches Denken wird hier einer Prüfung unterzogen. Die Erkenntnis wirkt idealistischen Vorstellungen der Inwertsetzung von Räumen entgegen.

Hier dargestellte Prozesse der Bewußtseinsbildung sind insofern raumrelevant, als sie die Werthaltung gegenüber Raummustern (= Umweltschäden) zum Gegenstand haben und bislang ein Gruppenverhalten haben vereiteln können, das sich gegen raumwirksame Prozesse der Umweltschädigung hätte wenden können, somit raumwirksam geworden wäre. Die Bewußtseinslage der Öffentlichkeit zu Umweltschäden und ein sich daraus ergebendes Handeln entscheidet wesentlich mit über die Erhaltung bzw. Behebung und Vermeidung von Umweltschäden.

Die folgenden von Dörge genannten Qualifikationen zur politischen Bildungsarbeit

1. ein kritisches Bewußtsein, um Probleme erkennen zu können,
2. die Fähigkeit zur Analyse sozio-ökonomisch-politischer Probleme,
3. die Befähigung zur eigenständigen Urteilsbildung,
4. die Bereitschaft zu demokratisch engagiertem Handeln (Dörge, S. 393)

sind Verhaltensdispositionen[5], die durch die unterrichtliche Behandlung dieser Problematik anzustreben sind. Dies macht die politische Orientie-

---

5 Verhaltensdispositionen – allgemeine Lernziele als Verhaltensziele, die durch Erziehung zu erreichen sind (Hendinger, 1972, S. 251 ff.)

rung geographischer Inhalte deutlich und läßt zugleich das Defizit an Bildungswerten erkennen, das bei Verzicht auf die Findung und Erörterung von Ursächlichkeiten zu bedauern wäre. Nur durch deren Erhellung kann eine Erklärung der Auseinandersetzung mit dem Raum im Sinne eines „Lebens mit Umweltschäden" geleistet werden.
Kreibich und Hoffmann fordern für die Lehrplanerstellung: „Geographie ist in jedem Falle, einerlei ob man es will oder nicht, Bestandteil der politischen Erziehung" (S. 53). Die Möglichkeiten des Faches Geographie seien einzusetzen, um zur Emanzipation der Schüler (damit künftiger Erwachsener) oder gesellschaftlicher Gruppen beizutragen. Im gleichen Sinne fordert Ernst, den Schüler zur Kooperation und zum verantwortlichen sozialen Verhalten und rational begründeten politischen Handeln zu befähigen (Ernst, 1971, S. 3).

2.2.2. Regelmechanismen

Wird nun von „Regelmechanismen" die Rede sein, so ist damit der Forschungsgegenstand der Ökologie angesprochen. Hendinger hat den Begriff aus der Technik auf das Organische übertragen (Hendinger, 1972, S. 253).
Im vorangegangenen Abschnitt wurde das Leben des Menschen mit den Umweltschäden als gegenstandsorientierte, geographische Kategorie didaktisch erläutert. Daraus ergibt sich die Notwendigkeit, den zentralen Gegenstand an sich in seiner didaktischen Wertigkeit ebenfalls zu behandeln. Umweltschäden müssen hier in ihren störenden und schädigenden Wirkungen für den Schüler erfahrbar gemacht werden. Zwar ist ihm deutlich, daß ein Leben mit einer müllbelasteten, luftverschmutzten und von Pestiziden verseuchten Umwelt nicht von optomalen Bedingungen gekennzeichnet ist. Er sollte jedoch mit den naturwissenschaftlichen Vorgängen, die einem Umweltschaden vorausgehen und ihn begleiten, insoweit vertraut gemacht werden, als es für die Ermessung der Relevanz menschlicher Eingriffe in den Wirkungszusammenhang der Faktoren spezifischer Ökosysteme notwendig ist. Darüber hinaus wird seine Kritikfähigkeit weiterentwickelt, da er aufgrund von Fachkenntnissen seine politische Argumentation festigen kann. Informationen, die Umweltschäden bagatellisieren, steht er nicht länger nur konsumierend gegenüber; sie erfahren vielmehr eine Kontrolle auf ihre sachliche Rich-

tigkeit, was zu einer Schwächung der Psotion der maßgeblichen Urheber von Umweltschäden beiträgt und deshalb auch eine Voraussetzung für erfolgversprechendes politisches Handeln des Schülers und späteren Erwachsenen ist.
Eine Grundvoraussetzung muß an diesen naturwissenschaftlichen (ökologischen) Betrachtungsaspekt geknüpft werden. Er sollte nur dann zum Unterrichtsgegenstand werden, wenn er den Schüler in die Lage versetzen kann, mit den erworbenen Kenntnissen Gruppenverhalten in seiner Reichweite hinsichtlich der Einschränkung von Lebensbedingungen zu ermessen. Das würde bedeuten, daß die ökologischen Betrachtungen von Umweltschäden Beiträge leisten müssen zur Frage der „Auseinandersetzung des Menschen mit dem Raum" (im dargestellten Sinne als Leben mit den Umweltschäden verstanden) und zu den Kategorien „Störung der Regelmechanismen" sowie „Raumplanung". Nur wenn dem Schüler die ökologischen Prozesse zur Umweltproblematik vertraut sind (unter Berücksichtigung des Vorhandenseins der eben dargestellten Relevanz), kann er differenzierte Problemkreise verstehen und nicht nur auf deskriptiver Ebene über sie diskutieren. Er wird fähig, tiefergreifende Überlegungen anzustellen. Das muß nicht bedeuten, daß die Schule im Rahmen des Geographie- oder eines anderen Fachunterrichts ökologische Fragestellungen bis in alle Details behandeln muß. Die unterrichtliche Darstellung dieser Phänomene muß in Qualität, Quantität und Zeitaufwand an ihrem Zweck orientiert sein. In der Regel kann daher eine Beschränkung auf Schwerpunktprobleme erfolgen (z. B. Nahrungskette bei der Behandlung von DDT und ähnlichen Bioziden). Die Unterrichtsinhalte müssen trotz aller Einschränkung noch geeignet sein, die wirtschafts- und gesellschaftspolitischen Probleme zu Umweltschäden in Randbereichen transparent und damit dem Schüler leichter erschließbar zu machen. Damit erhalten ökologische Unterrichtsgegenstände einen Dienstleistungscharakter für Problemfelder, in deren Mittelpunkt menschliche Gruppen und Gesellschaften stehen. Eine Darstellung ökologischer Gegenstandsbereiche ihrer selbst willen oder als „Pflichtanteil" der physischen Geographie scheidet damit aus.
In diesem Sinne stellen Kreibich und Hoffmann fest:

„Die Physiogeographie wird herangezogen, sofern sie einen Zusammenhang mit dem Verhalten der Menschen und Gruppen erkennen läßt (bzw. erkennen lassen sollte) oder räumliche Ordnungen verdeutlicht" (S. 58).

Zu den Arbeitszielen der Geoökologie stellt Jung fest:

„Die geoökologische Forschung sollte nicht eine Untersuchung des Landschaftshaushaltes vornehmen, ohne die anthropogenen Einflüsse zu berücksichtigen. Zwischen Natur und Mensch (Gesellschaft) findet ein ständiger Stoffaustausch statt (vgl. Neef 1968). Aufgabe der Groökologie sollte es sein, die Veränderungen in den Ökosystemen, die durch Entnahmen bzw. durch Hinzufügen von Stoffen (Stoffaustausch) verursacht werden, genauer zu untersuchen. Dabei können allerdings vergleichende Untersuchungen in naturnahen Landschaften besonders hilfreich sein; denn aus der Kenntnis der Beziehungen der Geofaktoren im ungestörten Ökosystem und der Kenntnis der ökologischen Nachbarschaftswirkungen zwischen verschiedenen Ökosystemen wird die Möglichkeit eröffnet, die Tragweite anthropogener Eingriffe zu beurteilen. Damit kommt geoökologischer Arbeit eine grundlegende Bedeutung für Fragen der Umweltsicherung zu"[6] (S. 4).

Durch eine entsprechende Bewertung der Ökologie in der Umweltproblematik erfährt der Schüler den Umweltschaden in seiner differenzierten Erscheinungsform und Wirkung auf die ökologische Homöostase immer in einem anthropogen akzentuierten Kontext. Damit steht der Umweltschaden im Mittelpunkt, ohne jedoch den größten zeitlichen und stofflichen Aufwand auf sich selbst zu konzentrieren. Es geht mehr um das Geschehen um ihn herum, also die ihn konstituierenden, bewältigenden unt tolerierenden Prozesse.
Nach Schultze, der die vier Kategoriengruppen

1. Natur-Strukturen
2. Mensch-Natur-Strukturen
3. Funktionale Strukturen
4. Gesellschaftlich kulturell bedingte Strukturen (S. 230f.)

als spezifisch geographische „Suchinstrumente" zur Findung von Lernzielen zur Allgemeinen Geographie gebildet hat, müßte dieser Standpunkt zweifelhaft erscheinen. Schultze steht der antrhopogeographischen Ausrichtung der Geographie-Didaktik skeptisch gegenüber und faßt unter der Kategorie „Natur-Strukturen" Inhalte zusammen, die besagte Natur-Strukturen isoliert von übergreifenden Aspekten thematisieren (z.B. Gletscher – Skandinavien hebt sich – Verwerfungen u.a.) (ebd.,

---

6 Obwohl die Aussagen für den Berich der Hochschuldidaktik getroffen worden sind, müssen sie für den Geographieunterricht ebenso gelten.

S. 233). Unter dem Aspekt, „daß die Naturfaktoren (Klima, Oberflächenformen, Bodenbeschaffenheit usw.) in der Schule nicht pseudowissenschaftlicher Selbstzweck sein dürfen" (Ernst, 1972, S. 276), meldet Ernst Bedenken bei der Konzipierung der ersten Kategoriengruppe bei Schultze an. Er stellt daher fest, daß bloße Naturgegenstände und -prozesse in der Schule zwar keinen Eigenwert haben, aber dennoch ihre Bedeutung, indem sie dem „Stoffwechsel zwischen Natur und Gesellschaft" verpflichtet bleiben (Neef 1969). Es gehe also stets um die Mensch-Raum-Beziehung (ebd., S. 277). Sie findet auch bei Hendinger stärkere Berücksichtigung. In den von ihr entwickelten fünf fachlich bestimmten Kategorien zur Findung fachspezifischer Lernziele steht der im Raum aktiv wirkende Mensch im Mittelpunkt:

„1. Bezogenheit der Daseinsbewältigung auf die Auseinandersetzung mit den ursprünglich gegebenen bzw. bereits vom Menschen gestalteten Naturräumen.
2. Raumstrukturen in Abhängigkeit von räumlicher Distanz einerseits und Überschneidung und Verflechtung von Ausstrahlungs- und Wirkungsbereichen gesellschaftlich bedingter, funktionaler Zentren andererseits.
3. Stabilisierende Regelmechanismen als ständiger Ausgleich des Naturhaushalts in der vom Menschen unberührten oder fast unberührten Naturlandschaft.
4. Störung der Regelmechanismen durch den wirtschaftenden Menschen.
5. Möglichkeiten und Schranken der Steuerung raumwirksamer Prozesse durch Raumplanung" (Hendinger, 1972 S. 252 ff.).

Die physiogeographischen Inhalte sind im wesentlichen auf die Kategorie 3 konzentriert und hier auf den ökologischen Forschungsgegenstand beschränkt. Damit ist die Position der physischen Geographie im Schulfach Geographie vorgezeichnet.

Der Bildungswert ökologischer Analysen wird somit im Rahmen der unterrichtlichen Behandlung von Umweltschäden erst im didaktischen Kontext bestimmbar. Er würde unter Bezug auf die zu diesem Abschnitt gemachten Erläuterungen in seiner Relevanz sehr zweifelhaft sein, wenn z.B. nur die Nahrungskette beim Problem „Schädlingsbekämpfungsmittel" thematisiert würde und sozialgeographische Analysen, wie sie hier unter 2.1.2., 2.2.1., 2.2.3. und 2.2.4. dargestellt sind, unterblieben.

2.2.3. Störung der Regelmechanismen

Die Physiognomie eines antrhopogen überformten Raumes versteht Schaffer als „geronnenes Durchgangsstadium" eines abgelaufenen Prozesses (S. 196). Auf der Grundlage einer sozialgeographischen Inwertsetzung des Raumes kommt es nach Hartke zum Niederschlag erfaßbarer Indices, die dem Raum den Charakter einer photographischen Platte verleihen (S. 128). Zur Erforschung deren Muster müssen hier die Prozesse untersucht werden, die als Umweltschäden raumwirksam geworden sind. Hierbei sind vor allem auch die Mechanismen zu berücksichtigen, die das Verhalten der sozialen Gruppen determinieren, das symptomatisch zu Umweltschäden führt. Es ist in diesem Abschnitt deshalb von zentraler didaktischer Bedeutung, „daß das Entscheidungsverhalten verdeutlicht wird, und das gelingt sicher nicht bei bloßer Darstellung" (Kreibich u. Hoffmann, S. 59).
Schwierig wird dieser Anspruch insofern zu erfüllen sein, als die Geographie auch heute noch als sehr ausgeprägte Beschreibungswissenschaft gilt (Boesler, S. 5f.), was sich auf die Fachdidaktik auswirken muß.
So ist in den Ausführungen Schultzes zu der Kategoriengruppe „Mensch-Natur-Strukturen" die Erklärung der Realität nicht gefordert worden. Es stehen „wertfrei" Schutz vor den Naturgegebenheiten und deren Vernichtung nebeneinander. Schlechthin vom Menschen ist die Rede, der kalkuliert, ob der Einsatz technisch möglich und ökonomisch sinnvoll ist und sich damit auf die unterschiedlichen Naturgegebenheiten einstellt (Schultze, S. 231). Diese Einstellung erscheint „naturgegeben", ist es jedoch in der Realität genausowenig wie die sozialräumliche Gliederung einer Stadt. Die bei Schultze zu vermutende didaktische Wichtung zugunsten der Deskription ist wenig geeignet, Umweltschäden im Geographieunterricht so zu behandeln, daß sie in ihren genetischen Ursachen aufgehellt werden. Diese Forderung muß aber erhoben werden, wenn die charakteristischen Bedingungen einer Raumentwicklung sichtbar werden sollen.
Wenn dieser Anspruch zwar auch nicht vollständig durch die vierte fachlich bestimmte Kategorie bei Hendinger (s. S. 43) berücksichtigt wird, so scheinen in Anbetracht der Einbeziehung des Vorhandenseins sozial differenzierten Verhaltens doch stärker die Bedingungen erfaßt zu werden, die die Entstehung von Umweltschäden determinieren als deskriptive Schwerpunkte. Die Analyse dieser im Hintergrund liegenden Pro-

zesse wird jedoch für so relevant gehalten, daß sie für die unterrichtliche Behandlung von Umweltschäden (ebenso auf den gesamten Geographieunterricht zu übertragen) als didaktische Maxime explizit gemacht werden muß, um als gesichert gelten zu können.

Ernst hat folgende zehn fachlich bestimmte Lernziele entwickelt, die mit den globalen Lernzielen korrespondieren (s. S. 33):

1. Fähigkeit, die bei der Abgrenzung von Räumen mitspielenden Faktoren zu analysieren und zu beurteilen.
2. Fähigkeit, das Gefüge der raumbedingenden Naturfaktoren in seinem Wirkungszusammenhang mit Humanfaktoren zu durchschauen.
3. Fähigkeit, die Chancen und Gefahren des Schrumpfens der Entfernungen auf der Erde und die gesteigerten Kommunikationszusammenhänge zu erkennen.
4. Fähigkeit, den Einfluß der Wandlungen im Sozial- und Wirtschaftsgefüge auf den Umweltbereich und fremde Räume zu erfassen und zu beurteilen.
5. Fähigkeit, Standortprobleme im industriellen und agraren Bereich zu ermitteln und zu beurteilen.
6. Fähigkeit und Bereitschaft zur Verantwortung für Landschaftsschutz und Einsicht in die Wohlfahrtswirkungen bestimmter Natur- und Raumfaktoren.
7. Fähigkeit, vorzugsweise vom Fremdenverkehr angepriesene Gebiete zu beurteilen.
8. Fähigkeit, funktionale Zusammenhänge in Ballungsgebieten durchschauen zu können und Einsicht zu gewinnen in die Notwendigkeit und die Durchführung von Raumordnung.
9. Fähigkeit, die Weltbevölkerungsentwicklung und die Welternährungsfrage kritisch beurteilen zu können.
10. Fähigkeit, Krisenherde in der Welt als Folge sozialwirtschaftlicher und gesellschaftspolitischer Spannungen zu begreifen (Ernst, 1972, S. 284 ff.).

In den Erläuterungen zu diesen Lernzielen, die ebenso wie die Kategorien von Hendinger und Schultze den Charakter von Suchinstrumenten zur Lernzielfindung haben, legt er besonderen Wert auf die Sichtbarmachung der Absichten in der Reaktion menschlicher Gruppen auf die Herausforderung des Raumes sowie die Erhellung von Konfliktsituationen zwischen öffentlichen Ansprüchen (z.B. auf Landschaftsschutz) und Privatinteressen. Dies ist sicherlich nur leistbar, wenn die o.g. didaktischen Maximen in die Differenzierung der Lernziele einfließen. Nur dann kann der „Schüler befähigt werden [sollen], gesellschaftliche Zusammenhänge zu analysieren, Anpassungsvorgänge kritisch zu hinterfragen, Konflikten rational zu begegnen und das eigene Selbstverständnis richtig einzuordnen" (ebd., S. 275). Dennoch muß auch hier die Forderung erhoben werden, fachspezifische Kategorien didaktisch weiter zu differenzieren und die Ebene des Eindringens in eine Problematik zu benennen. Die Interpretationsspielräume, damit die Risiken für die Erklärung räumlicher Phänomene (hier sprich Umweltschäden) mit Folgeerscheinungen von Ursachen, die weiter anonym bleiben, sind zu groß. Die Gefahr des Arbeitens an der Analyse eines Umweltschadens mit Oberbegriffen, mit undifferenzierten und daher möglicherweise falschen Realitätsbezügen ist erheblich. Daß dies zum Teil schon mehr ist als „nur" eine Gefahr, macht die didaktische Diskussion deutlich, in der häufig von *dem* Menschen schlechthin als Urheber raumwirksamer Prozesse die Rede ist (s. S. 37), obwohl die sozialgeographische Konzeption den Begriff der sozialen Gruppe zur Differenzierung bereithält: „Menschen nutzen Naturgegebenheiten aus, ..." (Schultze, S. 231). „Der Mensch versucht durch Planung ..." (Hendinger, 1972, S. 253). Es ist widersinnig, mit *dem* Menschen zu argumentieren, wenn allgemein als gesichert gilt, daß es z.B. *den* Deutschen oder *den* Farbigen nicht geben kann. Ein Arbeiten mit falschen und zu groben Begriffen verdeckt notwendig die Realität in den Beziehungen, die für einen Umweltschaden konstitutiv sind und wirkt damit stabilisierend auf die herrschenden Bedingungen. Unter dieser negativen Prämisse organisierte Lernprozesse sind deshalb nicht weniger politisch als die hier immer wieder postulierten.

Derzeit gelten die Daseinsgrundfunktionen als Suchinstrumente für schulrelevante Problemstellungen. Birkenhauer sieht in deren Überbetonung einen möglichen Zwang, alle Inhalte einer Grundfunktion zuordnen zu müssen und sie nur von ihr aus erfahrbar zu machen. Er warnt vor einer Vernachlässigung der Ursachen von Inwertsetzungen des Raumes (Birkenhauer, GR 1974, S. 501). Sicher sollte der in diesem Zusammenhang stehende Begriff der „Daseinsäußerung" (Ruppert und Schaffer 1969) auch nicht kritiklos zur Erklärung von sozialem Gruppenverhalten herangezogen werden, das z.B. die Verseuchung von Fischbeständen durch Biozide zur Folge hatte. Offensichtlich würde es auf diese Weise zu einer Verzerrung der Realität kommen. Es ist hier nicht eine alternativlose, individuelle und harte Lebensbewältigung, die den Hintergrund für das ursächliche Verhalten darstellt; vielmehr sind es im Wirtschafts- und Gesellschaftssystem liegende Mechanismen wie einzelunternehmerische Profitsucht, Konkurrenzkampf und die Ohnmacht von

Verwaltungs- und Gerichtsbehörden kraft ihrer Abhängigkeit von jenen, deren Verhalten sie sanktionieren müßten. Boeseler führt aus, daß sich raumwirksames menschliches Handeln zu einem entscheidenden Teil in räumlichen Verteilungs- und Bewegungsvorgängen des Kapitals ausdrückt (Boeseler, S. 5f.).

Es sind somit in starkem Maße ökonomische Zwänge, die den Inwertsetzungsprozeß eines Raumes bestimmen und durch die schematische Kategorie einer oder mehrerer Daseinsgrundfunktionen nicht faßbar werden. Die Inwertsetzung, die einen Umweltschaden mit sich bringt, bedeutet zumeist gleichzeitig eine räumliche Entwertung. Durch sie werden die Gruppen betroffen, die sich aufgrund ihrer ökonomischen und politischen Macht bzw. Ohnmacht diesem Prozeß nicht widersetzen können. Diese Bedingungen sind bei der unterrichtlichen Behandlung von Umweltschäden zu analysieren, um dem Schüler seine Position in der Realität transparent zu machen. Dieses Verständnis der Inwertsetzung als gesellschaftlich-räumlicher Prozeß („leitendes Interesse" der Geographie – s. S. 39), soll „das Fachwissen in einen dynamischen Bezug seiner Sachinhalte untereinander [zu] bringen" und helfen, „daß die mosaikartige Wirklichkeit der uns umgebenden Welt (heute – und auch morgen) überschaubarer und durchsichtiger wird" (Birkenhauer, 1975, S. 54).

Diese Forderungen scheinen keineswegs selbstverständlich zu sein. So stellt Hagel in seinem vierten Lernziel zur Behandlung von Umweltpflege fest, „daß viele negative Veränderungen der Umwelt, die uns heute belasten, auf Unkenntnis, Fehlentscheidungen, Nachlässigkeit, Sorglosigkeit und Profitgier früherer Generationen zurückzuführen sind ..." (Hagel, S. 28f.). Damit erhalten politische, raumwirksam gewordene Prozesse den Charakter persönlicher Unzulänglichkeiten und individueller Untugenden. Durch ihren Bezug auf die Vergangenheit könnte das Bewußtsein entstehen, daß unsere Gesellschaft in dieser Beziehung Fortschritte gemacht hat. Sicher dürfte dagegen sein, daß die Ursachen für Umweltschäden früher wie heute im wesentlichen gleicher Art waren bzw. sind. Diese Motivation zu umweltschädigendem Verhalten findet in der Entwicklungsländerproblematik „beim Bestreben ‚ärmerer' Nationen, die Kluft zu ‚reichen' Ländern dadurch zu verkleinern, daß sie sich der umweltfeindlichen industriellen Produktionsweise bedienen," (Hansmeyer u. Rürup, S. 33) ihre Bestätigung.

Soll dem Schüler außer der Beschreibung der Erscheinungsformen eines

Umweltschadens im Raum das Ursachengefüge so erschlossen werden, daß er in die Lage versetzt wird, entsprechende Betrachtungen auch selbst anzustellen, genügt nicht die bloße Konstatierung von Raumphänomenen, sondern ist die Erfragung bedingender Zusammenhänge notwendig (Engelhard u. Hellings, S. 12). Dann wird er auch eine Bewertung „freiwilliger" Umweltschutzmaßnahmen der Industrie leisten können, indem er sie auf die gleichen Gesetzmäßigkeiten bezieht, die auch für die Entstehung von Umweltschäden Geltung hatten. Ein solcher Umweltschutz aus eigenem Antrieb ist dann zwangsläufig mit einem Eigeninteresse des Initiators in Deckung zu bringen.

Die Erkenntnis der konstitutiven Momente für die Entstehung von Umweltschäden soll im Schüler einem Bewußtsein entgegenwirken, Umweltschäden kritiklos als Bestandteile des Raumes und der menschlichen Lebensbedingungen auffaßt und sie stillschweigend toleriert. Er soll vielmehr lernen, über die von Dörge formulierten „Elemente politischen Verhaltens, nämlich Erkennen, Urteilen, Handeln" (Dörge, S. 395), aktiv zur Veränderung, d.h. Verbesserung seiner Lebensbedingungen einzutreten. Er muß erfahren, daß er nicht der primäre Verursacher von Umweltschäden ist, auch wenn er das letzte Glied in einer Kette raumwirksamen Verhaltens ist; er muß sich an die richtigen Gruppen mit angemessener Zielstrebigkeit richten können und wissen, daß dies nur durch Solidarität aller Betroffenen zum Ziel führen kann.

Dies soll nicht dazu führen, daß der Schüler sein eigenes Verhalten gleichgültig und umweltfeindlich gestaltet und es mit der Einsicht in die zuvor gemachten Erkenntnisse als ohnehin irrelevant rechtfertigt. Hier sind die wenigen Handlungsbereiche gemeint, in denen direkt vom Individuum eine Umweltbelastung ausgeht (z.B. Altöl nicht in die Kanalisation gießen, sondern beim nächsten Tanken bei einer Sammelstelle abgeben). Dabei sollte jedoch unmißverständlich zum Ausdruck kommen, daß diese Fälle sehr begrenzt sind und im Verhältnis zur ursächlichen Umweltbelastung und -zerstörung durch Industrie und Gewerbe verschwindend gering sind.

Am Rande steht der Bildungswert, daß der in der Geographie in der Regel langfristig begriffene Wandlungsprozeß des Raumes relativiert wird. Kurzfristige Veränderungen zeigen sich nicht nur in Form „anthropogener Sedimentation" (Schlichting 1973), sondern auch im physiogeographischen Bereich als Folge der Störung ökologischer Gleichgewichte.

Bei alle dem darf im Schüler nicht die Einstellung entstehen, daß jeder Eingriff in den Raum zwingend zu Umweltschäden führen muß, somit zu vermeiden wäre. Hierdurch käme er zu einer falschen Einschätzung des Notwendigen und Möglichen zur „Bewältigung" des menschlichen Daseins. Es muß deshalb sichtbar gemacht werden, daß die Nutzung des natürlichen Potentials die Grundlage der menschlichen Existenz ist und sich daher zwingend ein Wechselwirkungsgefüge zwischen Mensch und Natur ergeben muß und es hierbei nur dann zu Umweltschäden kommt, wenn die Regenerationsfähigkeit der Ökosysteme überschritten wird (s. S. 13).

2.2.4. Raumplanung

Die didaktischen Forderungen, die insbesondere zum letzten Abschnitt erhoben worden sind, finden entsprechende Anwendung auf die Einbeziehung von Fragen der Raumplanung in den Problemkreis „Umweltschäden". Sie werden hier aus einer anderen Perspektive beleuchtet. Es geht nun nicht mehr um die Schädigung des Raumes, sondern um die raumordnerische Bewältigung bereits bestehender und um den Schutz vor weiteren und anderen Umweltschäden.

Von Bedeutung erscheint es, auf die Position der Problematik „Raumplanung" in der Abfolge der Behandlung von Umweltschäden im Unterricht hinzuweisen. Durch die abschließende Behandlung der „Raumplanung", als die hier Umweltschutz zu begreifen ist, soll sichergestellt werden, daß Raumplanung in den Kausalitäten ihres Ablaufs transparent wird, was nur leistbar ist, wenn ein Vorwissen über die Bedingungen des Zustandekommens von Umweltschäden vorhanden ist, auf das zurückgegriffen werden kann. Deshalb wird der Umweltschutz unter dem übergeordneten Thema „Umweltschäden" behandelt, wobei die Umweltschutz-Problematik hier nur angerissen werden soll. Es wird für didaktisch problematisch gehalten, Fragen zum Umwelt*schutz* isoliert zu behandeln, d.h. zum eigenständigen Thema des Unterrichts zu machen und die der Notwendigkeit des Umweltschutzes vorausgehende Entwicklung der Umweltbelastung unberücksichtigt zu lassen. Ein Verständnis für die behandelte Problematik kann dann nicht in der geforderten Tiefe erreicht werden, da mit „unbekannten Größen" gearbeitet werden muß – man thematisiert etwas, das man in seinen Entstehungsbedingungen nicht erhellt hat. Ein Thema befindet sich in der didaktischen Mitte, das um Fragen zu Umweltschäden arrondiert ist. Sie können jedoch in ihrer Existenz nur als gegeben unterstellt werden, weil das zentrale Thema der Umweltschutz ist; folglich bleiben sie unaufgeklärt. Ohne daß die konstitutiven Momente von Umweltschäden erhellt werden, kommt es damit zur Thematisierung und Problematisierung von Bewältigungs- und Vermeidungsstrategien. Das in der didaktischen Diskussion und -Literatur immer im Vordergrund stehende affektive Lernziel „individuelles Verantwortungsbewußtsein für die eigene Umwelt" muß hier kritiklos auf fruchtbaren Boden fallen, weil Informationen, die zum Zweifeln an der eigenen Verantwortung Anlaß geben könnten, verschwiegen werden (s. 2.3.2.).

Hendinger erfaßt in ihrer fünften fachlich bestimmten Kategorie (s. S. 43) den Bereich der Raumplanung in Anbindung an die vorangegangene Kategorie (hier 2.2.3.) und stellt ökologische Fragen in den Vordergrund, indem sie feststellt: „Dabei bildet die Analyse der Belastbarkeit der Landschaft eine wesentliche Voraussetzung zur Festlegung des notwendigen Ausmaßes von Gegensteuerungen." (Hendinger, 1972, S. 253). Zweifellos ist es bedeutungsvoll, an dieser Stelle noch einmal ökologische Fragestellungen aufzuwerfen, vor allem, um die Schwierigkeiten aufzuzeigen, die Grenzen der Belastbarkeit von Ökosystemen zu ermitteln und die Einsicht zu festigen, daß „die Gleichgewichtszustände dieser Ökosysteme in der Natur [sind] im allgemeinen weder stabil noch labil" (Manshard, S. 9) sind. Die Raumplanung wird als Prozeß erfahren, der Probleme zu bewältigen hat, die gegenwärtig von den Fachwissenschaften noch nicht ganz gelöst sind.

Diese didaktische Relevanz allein vermag die unterrichtliche Behandlung von Fragen zur Raumplanung in diesem Zusammenhang nicht zu rechtfertigen. Von größerer Bedeutung erscheint die Problematisierung der durch die die Raumplanung tragenden staatlichen Institutionen zu lösenden Interessenkonflikte bei der raumordnerischen Planung „ökologischer Ausgleichs- und Ergänzungsräume" (Niedersachsen 1985, S. 526). Es können dies Konflikte sein, die aus unterschiedlichen Anforderungen an Räume resultieren (Gewerbegebiet → ökologischer Regenerationsraum) oder sich aus divergierenden Nutzungsinteressen eines Ausgleichsraumes ergeben (land- oder forstwirtschaftliche Nutzfläche → exklusiver Fremdenverkehrsraum). Hierzu sagt der Entwurf des Bundesraumordnungsprogrammes vom 25. 7. 1974: „Die Raumordnung

soll gewährleisten, daß bei allen raumbedeutsamen Planungen und Maßnahmen im Rahmen der Abwägung konkurrierender Anforderungen an den Raum die Erfordernisse des Umweltschutzes angemessen berücksichtigt werden" (S. 3).
Hieran werden dem Schüler Ermessensspielräume staatlichen Handelns sichtbar, wenn auch nicht bestimmbar. Indem die Erfordernisse des Umweltschutzes „angemessen" zu berücksichtigen seien, werden sie an nicht benannten Kategorien gemessen, mit ihnen abgewogen. Die menschliche Lebensqualität in Form einer Existenzgrundlage im Raum wird zu „etwas" in Relation gesetzt, von dem wirtschaftliche Fortentwicklung anzunehmen ist. Diese Vermutung bestätigt sich in Anbetracht des Runderlasses des Ministers für Arbeit, Gesundheit und Soziales des Landes Nordrhein-Westfalen vom 25. 7. 1974 (MBl. NW. S. 992/SMBl. NW. 280) „Abstände zwischen Industrie- bzw. Gewerbegebieten und Wohngebieten im Rahmen der Bauleitplanung", wonach die dem Minister unterstehenden Staatlichen Gewerbeaufsichtsämter angewiesen werden, bei der Ausweisung neuer Industrie-, Gewerbe- und Wohngebiete in Bebauungs- und Flächennutzungsplänen auf ausreichende Abstände zwischen Wohnungen und industriellen und gewerblichen Anlagen hinzuwirken. Dem Runderlaß ist eine Abstandsliste für über 200 verschiedene industrielle und gewerbliche Anlagen beigefügt. Der Runderlaß berührt jedoch nicht die alleinige Verantwortung des staatlichen Planungsträgers. Er kann sich (z.B. wegen überwiegender anderer öffentlicher Belange) über die Vorschläge des Staatlichen Gewerbeaufsichtsamtes hinwegsetzen. Für einzelne Industrie- und Gewerbeanlagen ist die Abstandsliste nicht anzuwenden (Umwelt Nr. 39, S. 17).
Der Schüler muß lernen, kritische Betrachtungen als notwendige Voraussetzung zum Erkennen von Realität zu sehen. Damit wird Raumplanung (auch zur Bewältigung von Umweltproblemen) als Instrumentarium der Herrschenden eines Gesellschaftssystems erkennbar. Es werden Raumaggregate geplant, die funktional im Interesse jener sein sollen, die kraft ihrer Stellung in der Gesellschaftsordnung über das Instrumentarium verfügen können. Die Raumplanung wird dadurch nicht als wertneutral erfahren, sondern als systemabhängig und als Gesellschaftsplanung im weiteren Sinne. Wenn Ernst feststellt, daß es in der Geographie „um den Raum *für* den Menschen und *durch* die Gesellschaft" (Ernst, 1972, S. 277) gehe, so trifft dies für die Raumplanung in besonderem Maße zu. Erläuterungen zum Entwurf eines Bundesgesetzes über Natur-

schutz und Landschaftspflege (Bundesratsdrucksache 311/72), wonach das Hauptziel des Gesetzentwurfes über den herkömmlichen Schutz der Natur hinaus, die Pflege der Landschaft und deren Entwicklung sei (Raumordnungsbericht 1972, S. 82), können relativiert und in größeren Zusammenhängen gesehen werden. Es steht nicht die Frage nach differenzierten Maßnahmen des Landschaftsschutzes im Zentrum der Überlegungen. Eher erheben sich Bedenken hinsichtlich der Anwendung solcher Rechtsnormen in spezifischen Fällen. Der Schüler erfährt, daß der Raum in seiner Gestaltung steuerbar ist und diese Steuerung von bestimmten Interessen geleitet wird. Darin muß er zugleich eine Chance zur Wiederherstellung ökologischer Gleichgewichte, zur Schaffung ökologischer Ausgleichsräume und zur Vermeidung von Umweltschäden durch Planung erkennen. Diese Chance kann nur genutzt werden, wenn er selbst zum Eingriff in Planung und zur Partizipation an Planung fähig, damit Plansubjekt wird. Unter anderem dazu sollen die in den folgenden Abschnitten zu erläuternden Lernziele beitragen. Der Schüler muß deutlich aufgrund der vorangegangenen Analyse erkennen, daß Reformen im „Umgang mit der Umwelt" von ihm getragen werden müssen und hierzu einige Eingriffe in das bestehende Gesellschafts- und Wirtschaftssystem geleistet werden müssen.

Abschließend sei bemerkt, daß für alle vier Abschnitte zum Thema „Fragen des Bildungswertes" die didaktische Priorität das Raum*problem* ist und nicht die affirmative Vertrautheit mit bestimmten Räumen. Der Raum ist letztlich „nur" die Verortung eines Problemfeldes, das in seinem strukturalen und prozeßhaften Charakter didaktischer Brennpunkt ist. Beschreibung und Erklärung des Betrachtungsgegenstandes dürfen in ihrem Resultat nicht singulär sein; sie müssen über das konkrete Objekt hinaus auch auf Gegenstände anwendbar sein, denen die gleiche Problematik innewohnt (Schultze, S. 229).

2.3. Lernziele

Zwischen formulierten Bildungswerten und der Operationalisierung des Unterrichts liegt eine Distanz, die nur schrittweise zu verringern ist, indem von den allgemeinen Bildungswerten zu deren Realisierung immer konkreter werdende Lernschritte und -ziele unter Angabe der im Endverhalten des Schülers kontrollierbaren Fähigkeiten und Fertigkeiten deduziert werden. Hierzu ist eine Hierarchisierung von Lernzielen notwendig. Dabei erfaßt das Richtlernziel (evtl. auch mehrere) ein sehr weit abgestecktes Ziel (siehe allgemeine Lernziele nach v. Hentig S. 39). Das nächst niedrigere in der Hierarchie grenzt dieses Spektrum didaktischer Möglichkeiten auf den fachspezifischen Bereich ein (fachliches Hauptlernziel). In der weiteren Hierarchisierung werden von hier aus zum Teil stark voneinander abweichende Gliederungsprinzipien angewandt. Da es nun nicht um allgemeine Fragen zur Lernzieltaxonomie geht, soll zur weiteren Gliederung das Zuordnungsschema nach Birkenhauer herangezogen werden. Er ordnet unter dem fachlichen Hauptlernziel das Groblernziel, dann das Teillernziel, das Feinlernziel und schließlich das Feinstlernziel an (Birkenhauer, 1972, S. 3).

Mit der hier erstellten Übersicht (vgl. Tabelle) soll der Versuch gemacht werden, Lernziele für die Behandlung von Umweltschäden im Geographieunterricht der Sekundarstufe I zu entwickeln und in eine thematische und hierarchische Ordnung zu bringen. Die Basis für die Findung der Lernziele bilden die vier Kategorien, unter denen auch die Fragen des Bildungswertes erläutert worden sind. Sie sind unter Einbeziehung der zu ihnen ergangenen Ausführungen als fachliche Hauptlernziele eingestuft worden, die den Anspruch erheben, stark an der gesellschaftlichen Realität orientiert zu sein.

Die Grundlage der Ableitung aller Lernziele sind die globalen Kategorien nach v. Hentig. Diese werden hier in ihrer Gesamtheit den fachlichen Hauptlernzielen übergeordnet. Das bedeutet, daß die Zuordnung mehrerer Richtlernziele zu einem Hauptlernziel möglich ist, die Verbindung im einzelnen aber erst mit der Hierarchisierung der Lernziele, mit der fachwissenschaftlichen, didaktischen und methodischen Differenzierung des Unterrichtsgegenstandes gelegt werden kann. Dies hat zur Folge, daß eine Beziehung zu jedem Richtlernziel denkbar ist.

Hendinger hat unter Einbeziehung der allgemeinen Lernziele nach von Hentig sieben „geographisch relevante" Verhaltensdispositionen entwickelt, die die hierarchische Position von Richtlernzielen haben. Es fragt sich, ob es der Funktion allgemeiner Lernziele entspricht, sie durch ein fachdidaktisches Filter zu geben und auf fachspezifisch relevante Aspekte zu verdünnen. Wahrscheinlich können sie ihrer Aufgabe eher gerecht werden, wenn sie für jede Disziplin den Katalog von Richtlernzielen bilden würde, von denen sodann die fachbetonten Hauptlernziele zu deduzieren wären.

In dem hier dargestellten Schema nehmen die Kategorien nach v. Hentig diese Position in der Lernzielhierarchie ein. Sie sind in ihrer Gesamtheit auf *alle* Groblernziele bezogen, weil unmittelbare Beziehungen erst hergestellt werden können, wenn die Lernziele am konkreten Unterrichtsgegenstand in ihrer umfassenden Hierarchie entwickelt werden. Da hier jedoch Lernziele für einen Problemkreis gefunden werden sollen, der einer Aufbereitung am konkreten Gegenstand bedarf, um operationalisierbar zu sein, können die Lernziele nur bis zum Teillernziel hierarchisiert werden.

Hinter den einzelnen Teillernzielen ist vermerkt, ob sie einen kognitiven, oder affektiven Schwerpunkt haben. Es wird besonderer Wert darauf gelegt, daß hier von Schwerpunkten die Rede ist und nicht von einem eindeutigen (z. B. kognitiven) Lernziel. Das ergibt sich aus immer wiederkehrenden Zuordnungsschwierigkeiten von Lernzielen. Von einer Zuordnung instrumentaler Lernziele zu den vier Hauptlernzielen soll abgesehen werden, weil sich Mehrfachnennungen nicht vermeiden ließen. Da die instrumentalen Lernziele, die für die unterrichtliche Behandlung von Umweltschäden von Bedeutung sind, allen Haputlernzielen zugeordnet werden könnten, werden sie vorangestellt:

– Der Schüler soll in der Lage sein, sich Informationsmaterial zu einem bestimmten Problem zu beschaffen (aus der Fachliteratur, Nachschlagewerken, von zuständigen öffentlichen Einrichtungen usw.);
– Der Schüler soll in der Lage sein, einfache Methoden zu entwickeln, mit deren Hilfe er Umweltschäden erfassen kann;
– Der Schüler soll sachdienliche Informationen aus Statistiken und thematischen Karten entnehmen können;
– Der Schüler soll quantifizierbare Aussagen und verortete Merkmale zu einem Problemkreis graphisch verdeutlichen können.

Es sei darauf hingewiesen, daß affirmative Lernziele in der Übersicht nicht enthalten sind, da die Auffassung vertreten wird, daß vor allem Lernziele mit kognitivem und instrumentalem Schwerpunkt so weit zu operationalisieren sind, daß Grundkenntnisse und -fertigkeiten „am Rande" erworben werden. In diesem Sinne bezeichnet Hendinger die affirmativen Lernziele als Hilfs- und Zwischenlernziele, die auf eigentliche Lernziele ausgerichtet sind (Hendinger, 1971, S. 10). Es handelt sich dabei um Lernziele, die auf die Memorierfähigkeit des Schülers bezogen sind – z. B.: „drei Arten von Umweltschäden benennen können".

Einige der im Schema zusammengestellten Lernziele sind einer durch Kreibich und Hoffmann erstellten Liste von Abschlußqualifikationen[7] entnommen worden, die hier zum Teil eine andere hierarchische Einordnung erfahren als in der genannten Liste.

2.3.1. Kognitive Lernziele

Es erübrigt sich, die kognitiven Lernziele der Zusammenstellung auf allgemeiner Ebene ausführlich zu kommentieren. Aus ihrer Gesamtheit ist ersichtlich, daß sie zu ihrer Erreichung Denkprozesse erfordern, auf denen bei allen kognitiven Lernzielen das Schwergewicht liegt. Der Gegenstand dieser Denkprozesse ist im einzelnen schon abgehandelt, so daß nur noch einmal als Maxime der kognitiven Lernziele die Notwendigkeit zu nennen ist, eine Erscheinung der Realität (Umweltschäden) in ihren Formen, Ursachen und Wirkungen beschreiben und vor allem erklären zu können. Unter Ursachen sind in diesem Sinne ausdrücklich keine Oberflächenerscheinungen gemeint, sondern tatsächliche Kausalitäten. Dieses sich in vielen kognitiven Lernzielen widerspiegelnde didaktische Bestreben wurde hier am Beispiel „Umweltschäden" als notwendige Voraussetzung für eine selbständige Lebensführung des Schülers in Gegenwart und Zukunft herausgestellt. Es geht damit weit über den hier dargestellten Problemkreis und das Schulfach Geographie hinaus und richtet sich als oberstes Lernziel an die Schule als Bildungsinstitution.
Die einzelnen kognitiven Prozesse müssen transferierbar sein, d.h. auf die Bewältigung neuer Situationen einwirken können. Der Unterrichtsgegenstand „Umweltschäden" erfährt damit in seinem Stellenwert eine Relativierung. Es ist nicht ausschließlich das Ziel des Geographieunterrichts, (u.a.) Umweltschäden gedanklich in Gestalt und Genese durchdringen zu können und zu zielgerichtetem politischen Handeln auszustatten, sondern es ist ebenso Ziel des Geographieunterrichts, am Objekt erlernte Fähigkeiten und erkannte regelhafte Funktionsabläufe der Realität auf andere Ausschnitte der Wirklichkeit anzuwenden, sie transparent zu machen, damit sich selbst zu befähigen, mit ihr und in Erkenntnis ihrer zu leben.

---

[7] Die dabei verwendeten Autoren- und Quellenabkürzungen sind übernommen worden (Kreibich u. Hoffmann, S. 63ff.).

Allgemeine Lernziele der Gesamtschule nach H. v. Hentig

1. Auseinandersetzung mit dem Raum als Anpassung an räumliche Gegebenheiten

1.1. Entwicklung eines kritischen Umweltbewußtseins

1.1.1. Umweltschäden als nicht „normale Bestandteile der Umwelt des Menschen (kognitiver Schwerpunkt);
1.1.2. Umweltschäden als Beeinträchtigung der Daseinsbewältigung und zugleich als Gegengewicht eines durch umweltfeindliche Produktion und Verteilung von Gütern durch Eigentümer von Produktionsmitteln und Handel zusätzlich erwirtschafteten Profites (kognitiver Schwerpunkt);
1.1.3. Kritische Analyse von Verantwortungs- und Schuldbewußtsein der Öffentlichkeit gegenüber der Umwelt zur Erkenntnis der Ursachen der Bewußtseinsbildungsprozesse (kognitiver Schwerpunkt);
1.1.4. Einschränkung der Lebensqualität des Menschen durch Umweltschäden (kognitiver Schwerpunkt);
1.1.5. „Flucht" vor Umweltschäden in Form räumlicher Mobilität als Privileg ökonomisch Begünstigter (kognitiver Schwerpunkt);
1.1.6. Begünstigung weiterer Entstehung von Umweltschäden durch eine passive Einstellung der Öffentlichkeit zur Umweltproblematik (kognitiver Schwerpunkt);
1.1.7. Kritischer Umgang mit Informationsträgern zum Thema „Umweltschutz und -schäden" (auch im Unterricht) zur Erkenntnis tendenziöser Absichten (affektiver Schwerpunkt);
1.1.8. Umweltbewußtsein, das „jeden einzelnen" als Verursacher von Umweltschäden begreift, führt zur Passivität, da Verbesserungen der Umweltsituation nicht möglich sind, weil die tatsächlichen Ursachen in erster Linie bei dem Verhalten von Industrie und Handel liegen (kognitiver Schwerpunkt);
1.1.9. Entwicklung eines auf jeden einzelnen bezogenen Schuldbewußtseins für Umweltschäden als Schutzverhalten derer, die Umweltschäden tatsächlich verursachen (kognitiver Schwerpunkt);

1.2. Die Motivation zur politischen Aktivität, mit dem Ziel, Instrumente für eine zielgerichtete Umweltgestaltung auf demokratischem Wege zu schaffen (Ga, S. 3, 7.);

Allgemeine Lernziele der Gesamtschule nach H. v. Hentig

1.2.1. Entfaltung von politischem Potential zur aktiven Veränderung der zu Umweltschäden führenden gesellschaftlichen Bedingungen, damit zur Verbesserung der Lebensbedingungen (affektiver Schwerpunkt);
1.2.2. Fachkenntnisse als Voraussetzung für erfolgversprechendes politisches Handeln (affektiver Schwerpunkt);
1.2.3. Individueller Schutz gegen Umweltschäden, soweit möglich, als unbefriedigende Lösung, da die Kosten nicht von jedem getragen werden können und die verschlechterten Lebensbedingungen stabilisiert werden (kognitiver Schwerpunkt);
1.2.4. Zur Vermeidung von Umweltschäden auch individuelles umweltbewußtes Verhalten (affektiver Schwerpunkt).

2. Regelmechanismen als begrenzt sich selbst regulierende Ökosysteme

2.1. Er soll erkennen, daß Eingriffe in den Naturhaushalt zwar nötig und möglich sind, dabei aber gefährliche Nebenwirkungen auftreten können (Umweltzerstörungen) (Sch., 9/70, 3.3);

2.1.1. Ökosysteme als weder stabil noch labil erkennen; sie bringen sich so lange in einen Gleichgewichtszustand zurück, bis eine Belastungsgrenze nicht überschritten wird, die im voraus zuverlässig nicht bestimmbar ist (kognitiver Schwerpunkt);
2.1.2. Veränderungen in Ökosystemen, die als Folge von Entnahmen oder Hinzufügung von Stoffen Umweltschäden auslösen können (kognitiver Schwerpunkt);
2.1.3. Er soll erkennen, daß das natürliche Potential nicht unerschöpflich ist (Energie, Wasser) – (Sch., 9/70, 3.2) – (kognitiver Schwerpunkt);
2.1.4. Er soll erkennen, daß ein wirksamer Schutz gegen Umweltschäden nicht immer möglich ist (kognitiver Schwerpunkt);

2.2. Erkenntnis des Wechselwirkungsgefüges zwischen menschlichem Handeln und Naturlandschaft (H., 1/70, S. 14, 1 b);

2.2.1. Er soll erkennen, daß ökologische Störungen am stärksten in industriellen Ballungsgebieten auftreten (kognitiver Schwerpunkt);

Allgemeine Lernziele der Gesamtschule nach H. v. Hentig

3. Störung der Regelmechanismen durch mangelhaft planende und profitorientiert handelnde Gruppen;

3.1. Einsicht gewinnen in das Entscheidungsverhalten von Sozialgruppen im „Umgang" mit dem Naturraum (St-Kr., 9/69);

3.1.1. Gründe für das zu Umweltschäden führende Entscheidungsverhalten in betriebsökonomischer Kalkulation (Kostenauslagerung zur Profitmaximierung), damit als voraussehbar erkennen (kognitiver Schwerpunkt);
3.1.2. Ursachen für Umweltschäden, die sich aus dem Verhalten des Bürgers als Verursacher zu ergeben scheinen, in den meisten Fällen als Folge von Güterproduktion und -verpackung erkennen (kognitiver Schwerpunkt);

3.2. Macht in politischer und ökonomischer Gestalt als entscheidender Faktor für die Inwersetzung des Raumes;

3.2.1. Inwersetzung eines Raumes die einen Umweltschaden zur Folge hat, zugleich als Entwertung oder Chance einer neuen Inwertsetzung (z.B. bei Landschaftsschäden) – (kognitiver Schwerpunkt);
3.2.2 Er soll erkennen, daß der Staat der Industrie und dem Handel nur begrenzt wirksame Auflagen für umweltfreundliche Verfahren erteilen kann, weil er stark von beiden abhänig ist (z.B. Gewerbesteueraufkommen) – (kognitiver Schwerpunkt);
3.2.3. Solidarisches Handeln zur Einwirkung auf die zu Umweltschäden führenden gesellschaftlich bedingten Ursachen (affektiver Schwerpkt);
3.2.4. Er soll erkennen, daß sich nicht *der* Mensch umweltfeindlich verhält, sondern daß für umweltfeindliches Verhalten (auch des Verbrauchers) in erster Linie Industrie und Handel verantwortlich sind (kognitiver Schwerpunkt);

Allgemeine Lernziele der Gesamtschule nach H. v. Hentig

4. Raumplanung als Instrument der Herrschenden zur Steuerung der räumlichen Entwicklung und – Nutzung;

4.1. Einsehen lernen, daß die Erhaltung des ökologischen Gleichgewichtes in der natürlichen Umwelt eine vordringliche Aufgabe unseres technischen Zeitalters ist (B., 11/70, 2);

4.1.1. Raumplanung zur Ermittlung der Grenzen ökologischer Belastbarkeit (kognitiver Schwerpunkt);
4.1.2. Wiederherstellung ökologischer Gleichgewichte durch Raumplanung (kognitiver Schwerpunkt);

4.2. Er soll erkennen, daß Raumplanung nicht wertneutral ist, sondern im Dienste spezifischer Interessen steht;

4.2.1. Steuerung der Raumgestaltung durch Raumplanung, wobei über das Entwicklungsziel entscheiden kann, wer über das Planungsinstrumentarium verfügt (kognitiver Schwerpunkt);
4.2.2. Interessenkonflikte als Begleiterscheinung der Raumplanung (zur Bewältigung eines Umweltschadens) – (kognitiver Schwerpunkt);
4.2.3. Voraussetzung für eine Umweltsicherung durch Raumplanung ist die Befähigung des wirtschaftlich abhängigen Individuums, sich in die Planungsentscheidungen kollektiv einzuschalten (kognitiver Schwerpkt);

4.3. Abwägung wirtschaftlicher Interessen gegen Umweltschutz bei der Raumplanung;

4.3.1. Lösung des Interessenkonfliktes des planenden Staates zugunsten des Umweltschutzes nur durch aktive Partizipation der ökonomisch abhängigen Öffentlichkeit an der Raumplanung (zur Umweltsicherung) – (kognitiver Schwerpunkt).

Lernziele zur Behandlung von Umweltschäden im Geographieunterricht der Sekundarstufe I

2.3.2. Instrumentale Lernziele

Zur Erreichung kognitiver und affektiver Lernziele sind instrumentale Fertigkeiten unerläßlich. Im Geographieunterricht sind dies vor allem das Arbeiten mit mannigfaltigen statistischen Darstellungen, mit Karten (vordringlich mit thematischen Karten), mit empirischen Methoden (Beobachtung, Interview etc.) und mit Modellen. Der Lernzielkatalog weist ähnliche Fertigkeiten, die durch instrumentale Lernziele zu erreichen sind, aus (s. S. 54). Im Kontext mit allen übrigen Lernzielen wird ihre Bedeutung transparent, die einen wesentlichen Schwerpunkt in „Dienstleistungsfunktionen" für kognitive und affektive Lernziele hat, da deren Erreichung von der erfolgreichen Vorschaltung von Erkenntnissen aus instrumentalen Fertigkeiten (= erreichte instrumentale Lernziele) abhängen kann. Es ist selbstverständlich, daß z.B. das Arbeiten mit Statistiken auch erhebliche kognitive Anforderungen an den Schüler stellt. Das ergibt sich daraus, daß das instrumentale Lernziel keinen Selbstzweck verfolgt, sondern „Instrument" auf dem Wege zur Erreichung eines höheren Lernzieles (meist kognitives Lernziel) ist und sich an diesem orientiert. So sammelt und ordnet der Schüler nicht Informationen zum Umweltschutz des Sammelns und Ordnens, also des Instrumentellen willen; vielmehr verfolgt er schon mit diesen Tätigkeiten ein Ziel, von dem letztlich auch die Gesichtspunkte des Sammelns und Ordnens vorgegeben werden. Es ist sogar die Forderung an die Methodik zu richten, sicherzustellen, daß der Schüler instrumentale Fertigkeiten nur bei Kenntnis deren Zweck auszuüben bereit ist, was eigentlich als affektives Lernziel zu formulieren ist. So würden oberste Lernziele wie Emanzipation, Kritikfähigkeit, Fähigkeit zur Selbst- und Mitbestimmung u.a. berücksichtigt. Der von Ernst angemerkten Gefahr der kritiklosen Einordnung in gesellschaftliche Verhältnisse und das dahinterstehende Normensystem mittels erlernter Kulturtechniken (Ernst, 1972, S. 283) würde entgegengetreten.

Der unter 2.3.1. erhobene Anspruch der Transferierbarkeit ist in gleicher Weise an das instrumentale Lernziel zu richten.

2.3.3. Affektive Lernziele

Obwohl im wesentlichen durch die Erreichung kognitiver Lernziele der Problemkreis „Umweltschäden und -schutz" in seiner Bedeutung und inneren Struktur durch den Schüler aufgeschlüsselt wird, kommt dem affektiven Lernziel besondere Bedeutung zu. Es spricht das affektive (oder emotionale) Denken und Handeln des Schülers an, trägt deshalb stark zum Erwerb von Werthaltungen bei. Bei dem hier zu erläuternden Themenbereich steht in der didaktischen Literatur als affektives Lernziel das „umweltbewußte Verhalten des Schülers" (jedoch nicht in dem hier gemeinten Sinne) im Vordergrund. Wie aus der Tabelle 1 zu 2.3. ersichtlich ist, nehmen die affektiven Lernziele quantitativ keinen besonderen Platz ein, da die Möglichkeiten affektiven Endverhaltens zu jedem Themenbereich relativ gering sind. Qualitativ wird dieses Defizit wieder aufgewogen. Weil ein erreichtes affektives Lernziel sich in der individuellen Werthaltung niederschlägt, strukturiert es die Identität des Schülers weit mehr als ein kognitives Lernziel (z.B. kritischer Umgang mit Informationsmaterialien – siehe Lernziel 1.1.7. –). Es wird dagegen bei keinem Schüler in gleicher Weise zur Wirkung kommen, da jedes Individuum, stets bevor es Verhaltensweisen darstellt, bereits geprägte Werthaltungen und emotionale Einstellungen (aus primärer und sekundärer Sozialisation) mit neu erworbenen oder zu erwerbenden affektiven Verhaltensmustern in Verbindung bringt und miteinander abstimmt. Da diese, das emotionale Verhalten beeinflussenden Bedingungen individuell unterschiedlich sind und das Verhalten durch das affektive Lernziel weiter von dem anderer Individuen abgehoben wird, muß ihm hinsichtlich der inter-individuellen Differenzierung (Oerter, S. 25) hohe Bedeutung beigemessen werden. Affektive Lernziele können zwar am Betrachtungsgegenstand des jeweiligen Unterrichts festgemacht, aber selten so stark fachspezifisch begrenzt werden wie kognitive Lernziele. Affektives Endverhalten wird von vielen und zum Teil stark divergierenden Faktoren aus dem Bewußtsein des Schülers und aus seiner Umwelt beeinflußt. Es ergibt sich weitgehend aus Werthaltungen und normativen Orientierungen, die nicht einer exakten Kontrolle auf sachliche Richtigkeit unterzogen werden können, wie ein durch kognitive Lernziele verwirklichtes Endverhalten im Mathematikunterricht. Recht zweifelhaft erscheint unter diesem Aspekt die absolute Forderung Magers, daß Lernziele *meßbare* Eigenschaften nennen müssen (Mager, S. 3). Zu

Recht läßt Ernst offen, ob alle Lernziele operationalisierbar sind (Ernst, 1972, S. 267). Ohne auf die Frage der Operationalisierbarkeit affektiver Lernziele hier ausführlicher eingehen zu wollen, sei auf die entsprechenden Lernziele des Schemas verwiesen und zu bedenken, wie die dort formulierten Eigenschaften in der Regel gemessen werden sollen, wenn Messung einen höheren Anspruch stellt, als Quantifizierung affirmativer Reaktionen auf tendenziöse Fragen „lernzielorientierter" Tests sein zu wollen.

Affektive Lernziele sind zum großen Teil von kognitiven Lernzielen abhängig. So sind bereits erwähnte oberste curriculare Lernziele wie Emanzipation, Kritikfähigkeit, Fähigkeit zur Selbst- und Mitbestimmung u.a., die in ihrem Endverhalten stark affektiv mitgetragen werden, nur erreichbar, wenn kognitive Lernziele zuvor passiert worden sind, die Einsicht und Verständnis vermittelt haben, das zur Entwicklung affektiven Verhaltens notwendig ist. Der Schüler kann z.B. nicht zu einem kritischen Umweltbewußtsein gelangen, wenn er nicht weiß, wie er eine umweltgefährdende Situation oder einen Umweltschaden identifizieren soll. Ebensowenig jedoch wird er geneigt sein, sich „freiwillig" (z.B. im außerschulischen Bereich) mit dem „Problem des Geographieunterrichts ‚Umweltschäden'" auseinanderzusetzen, wenn die kritische Einstellung fehlt. Es zeigt sich eine beidseitige Verknüpfung, die sich vor allem dann als Defiziterscheinung dokumentiert, wenn gesellschaftskritisches, politisches Handeln in der Realität scheitert, weil intellektuelle Fähigkeiten nicht hinreichend entwickelt und einem politisierten Problem immanente Sachprobleme, seien sie natur-, gesellschaftswissenschaftlicher oder sonstiger Art, in Struktur und Funktionszusammenhang nicht ausreichend erhellt sind (z.B. Kampf gegen den wachsenden Müllberg auf der politischen Bühne ohne Sachkenntnisse der Hintergründe des Wachsens). „Affektives Verhalten allein erweist sich leicht als stumpfe Waffe im politischen Kampf nach demokratischen Regeln" (Dörge, S. 393f.). Die zu 2.3. formulierten affektiven Lernziele sind, um nicht als wertlos zu erscheinen, daher unbedingt im Kontext aller anderen Lernziele und als von deren Erreichung in ihrer eigenen Wirksamkeit abhängig zu sehen. Neben ihrer expliziten Formulierung können affektive Lernziele auch „über" einem didaktisch und methodisch aufbereiteten Sachproblem liegen. Hier sei auf den didaktisch bereits begründeten, mehrere Perspektiven integrierenden Betrachtungsaspekt der unterrichtlichen Behandlung von Umweltschäden (S. 32f.) hingewiesen. Wirken bei der Analyse von derartigen Problemstellungen zudem weitere Fachlehrer mit (s. 3.2.3. und 3.3.), erkennt der Schüler die Notwendigkeit einer mehrperspektivischen Problemlösung, die Gefahr einseitiger Urteile (und Gutachten) sowie die Notwendigkeit der Spezialisierung im Beruf. Es wird ein Schritt zu der Fähigkeit getan, „die jeweiligen Spezialtätigkeit in ihrem Funktionszusammenhang zu sehen und von dorther zu kritisieren" (v. Hentig, 1971, S. 21).

Ebenso steht über den erfolgten Abhandlungen und dem Lernzielkatalog implizit das affektive Lernziel, kognitive, instrumentale, affirmative und auch affektive Qualifikationen selbst, letztere trotz ihrer schweren Greifbarkeit, stets vor ihrer Nutzung, d. h. vor der Anwendung bestimmter Fähigkeiten oder Fertigkeiten in einem spezifischen sozialen Kontext, kritisch auf die gegenwärtige Situation zu beziehen, sie gewissermaßen „in die Atmosphäre" und „in die Zeit" zu setzen (z. B. Wissen über Umweltprobleme heute und vor 20 Jahren – Überprüfung des eigenen Umweltbewußtseins [als Schuldbewußtsein] für die Umwelt). Der Schüler muß dazu befähigt werden, das Gelernte zwar zu internalisieren, aber es jederzeit zu relativieren, zu modifizieren und es unter der Prämisse der zeitlichen Begrenztheit und situationsbedingten Anpassungsbedürftigkeit zu tradieren. Durch die Fähigkeit, alle erworbenen Qualifikationen an den Gegebenheiten der Zeit und der Situation unter der Notwendigkeit zu messen, gegebene Bedingungen und die eigenen Qualifikationen der Kritik zu unterziehen, steht der Schüler flexibel in der Realität und der Zukunft offen gegenüber; er ist bereit, sich mit der Entwicklung prägen zu lassen und fähig, die Entwicklung selbst mitzuprägen. Das affektive Lernziel erhält in bezug auf den Anspruch der Zukunftsorientiertheit von Bildungswerten den Auftrag, den Schüler in die Lage zu versetzen, Lernziele als Produkte von Zeit und Situationen zu begreifen, die sich schnell verändern, sowie Fortschritt und erlernte Qualifikationen einander anzugleichen.

3. Unterrichtliche Behandlung von Umweltschäden in der Sekundarstufe I

Die unterrichtliche Behandlung von Umweltschäden soll nun unter Beschränkung auf die Sekundarstufe I erläutert werden (Kl. 5–10). Dies dient dem Zweck, die Aussagen von Abschnitt 2 zur Praxis in Beziehung zu setzen. Dabei geht es sowohl um die didaktische Aufbereitung und Bewertung der Thematik, wie sie in der Schulwirklichkeit zu erfolgen scheint – hierzu wird auf Lehrpläne, Lehrplanentwürfe, Schulbücher und deren jeweils expliziten oder impliziten Lernziele Bezug genommen – als auch um die Realisierbarkeit der hier beschriebenen didaktischen Maximen.

3.1. Aussagen der Lehrpläne, Lehrplanentwürfe und Schulbücher

Der Themenkreis „Umweltschäden und -schutz" wird in Lehrplänen, Richtlinien, deren Entwürfen und Schulbüchern sehr unterschiedlich eingeschätzt. Das bezieht sich sowohl auf die didaktische Perspektive, aus der die Problematik gesehen wird, als auch auf die Zuordnung entsprechender Lernziele zu den Schulstufen. Im folgenden sollen einige Lehrpläne, Lehrplanentwürfe und Schulbücher unter diesem Aspekt betrachtet werden. Die Darstellungen können nur punktuell sein und nicht das gesamte Spektrum der vorhandenen Materials umfassen. Sie sollen wesentliche Trends aufzeigen.

Die Richtlinien für die Volksschulen des Landes Niedersachsen nennen als Bildungsaufgabe des Geographieunterrichts die Vermittlung einer anschaulichen Vorstellung von charakteristischen Landschaften Deutschlands und fremder Länder und die Gewinnung eines geordneten Wissens von der räumlichen Gliederung der Erde (S. 51). Ähnliches findet sich in Lehrplänen anderer Bundesländer. Solche Anforderungen an den Geographieunterricht deuten auf eine länderkundliche Orientierung hin und entsprechen damit nicht mehr dem derzeitigen Stand der curricularen Weiterentwicklung. Birkenhauer und Haubrich zeigen an den Angaben über „Frankreich" in verschiedenen Richtlinien, daß das länderkundliche Schema stark die didaktische Stoffauswahl bestimmt (S. 107f.). Die unterrichtliche Behandlung von Umweltschäden wäre danach kaum zu vertreten.

In den Richtlinien und Lehrplänen Gesellschaftslehre für die Hauptschule in Nordrhein-Westfalen ist als geographisches Lernziel höherer Abstraktion die Kategorie „Hochentwickelte Regionen der Erde" genannt. In der Konkretisierung wird auch die Umweltproblematik angesprochen. Umweltschutz soll danach als Aufgabe der Gesellschaft zur Verbesserung der Lebensqualität erkannt werden. In ähnlichem Sinne erscheint Umweltschutz unter dem Lernziel „Raumplanung, Raumordnung, Umweltschutz" als wichtiges öffentliches Anliegen. Es fehlen Angaben über das Problem an sich und über die Zielgruppen, die von notwendigen Maßnahmen zur Bewältigung des Problems berührt werden. In der Einleitung zu den Richtlinien und Lehrplänen wird das Ziel formuliert, den Schüler zur Orientierung in gesellschaftlicher Wirklichkeit und zu deren Erkenntnis zu befähigen. Dieser Anspruch sollte auf der Ebene der Lernzielbestimmung nicht dadurch aufgegeben werden, daß jene Lernziele nicht formuliert werden, die ein politisches Engagement implizieren und sich gegen spezifische Gruppen der Gesellschaft wenden. Insbesondere sie wären aussagekräftig und zielbestimmend im eigentlichen Sinne – etwa im Gegensatz zu dem Ziel, daß der Mensch den ihm zur Verfügung stehenden Raum nicht willkürlich verplanen darf (Richtlinien und Lehrpläne, S. GG/15).

Das Fallstudienbeispiel „Umweltverschmutzung – Müll" enthält Ansätze, die auf Ziele schließen lassen, die an den bildungspolitischen Intentionen der Richtlinien und Lehrpläne orientiert sind: „2.5. Untersuchung der Gründe über den Müllberg (Wegwerfware, Verpackungsluxus, Konsumzwang). 2.9. Zusammenhang von Lebensstandard und Müll (Frage der Einschränkung des Profitstrebens, Frage des Konsumverzichts)." (Richtlinien und Lehrpläne, S. GP/28). Lernziele entsprechender Aussage sind dem nicht vorangestellt.

Nach den „Vorläufigen Handreichungen für die Orientierungsstufe" in Niedersachsen hat die Geographie als Bestandteil der Welt- und Umweltkunde über die allgemeinen Ziele hinaus die Aufgabe,

„beim Schüler die Fähigkeiten zu entwickeln, Informationen räumlich einzuordnen,
die Schüler zu befähigen, einfache physiogeographische Gesetzmäßigkeiten zu erfassen,
die Abhängigkeit des Menschen von Umweltfaktoren einsichtig zu machen,
die Veränderung in der Landschaft durch den Menschen zu verdeutlichen (beabsichtigte – nicht beabsichtigte, positive – negative Veränderungen),
dem Schüler die Verantwortung des Menschen für die Umwelt bewußt zu machen" (Handreichungen, S. 58).

Die Orientierung am Raum tritt zugunsten der Dominanz des Problems *im* Raum zurück. Die Inhalte, die nach Gesichtspunkten der Allgemeinen Geographie ausgewählt wurden, bestätigen dies. Der Themenbereich „Umweltschäden" wird unter „6. Große Städte und Ballungsräume" erläutert:

„d) Umweltschäden: Verschmutzung der Luft und des Wassers; Lärmbelästigung, Probleme der Müllvernichtung;
Verantwortung des Einzelnen sowie der kommunalen und staatlichen Behörden im Kampf gegen die Umweltverschmutzung" (ebd., S. 63).

Unter Berücksichtigung der aus den Handreichungen zitierten Aufgaben der Welt- und Umweltkunde in der Orientierungsstufe hat die Behandlung von Umweltschäden durch Koordination physiogeographischer (= ökologischer) und sozialgeographischer Aspekte zu erfolgen. Die Erläuterungen der Handreichungen sind zu diesem Thema aber so aussageschwach, daß sich aus der Nutzung der verbleibenden Interpretationsspielräume für den Lehrer in der Praxis eine konventionelle, mehrgliedrige, voneinander isolierte Problemlösung u. a. Möglichkeiten der didaktischen Themenbewertung ergeben.
Ein hoher qualitativer Anspruch an die Geographie wird in den „Rahmenrichtlinien Sekundarstufe I Gesellschaftslehre" des Hessischen Kultusministers gestellt. Interpretationsspielräume, die eine konventionelle didaktische Stoffauswahl und -bewertung offenlassen, wie dies bei den oben erläuterten Handreichungen möglich ist, sind hier durch Lernziele und mit Inhalten gefüllte „Lernfelder" ausgeschlossen. Als übergeordnetes Lernziel ist u. a. die „Kenntnis der Grundstrukturen gesellschaftlicher Wirklichkeit" (Rahmenrichtl., S. 8) genannt. Unter 2.2. sind inhaltlich gleiche Ansprüche als didaktische Maximen erhoben worden. Bei der Erstellung von Lernzielen (s. 2.3.) sind sie entsprechend berück-

sichtigt. Das folgende übergeordnete Lernziel der Rahmenrichtlinien hat die Umweltproblematik zum Gegenstand:

„Der Schüler soll befähigt werden, das Gefüge der raumbedingenden Naturfaktoren im Zusammenhang mit den Sozialfaktoren zu erkennen und die strukturverändernden Prozesse rational zu beurteilen mit dem Ziel, seine Möglichkeiten an der Gestaltung des Raumes zum Zwecke der Optimierung der Lebenschancen und der Umweltsicherung einzuschätzen und seine Bereitschaft zur Mitwirkung daran zu fördern" (ebd., S. 44).

Trotz seines noch sehr allgemeinen Charakters ist erkennbar, daß hier von der Notwendigkeit ausgegangen worden ist, Raumphänomene zu erkennen, zu erklären und hieraus politisches Bewußtsein und Aktionspotential zu schöpfen. Wie das folgende Kriterium des geographischen Aspekts im Lernbereich Gesellschaftslehre zeigt, muß dies nicht eine Vernachlässigung ökologischer Fragestellungen mit sich bringen:

„Es soll deutlich werden:
– daß wirtschaftliche Eingriffe sich positiv oder negativ auf den Naturhaushalt (das ökonomische Gleichgewicht) auswirken können. Die Schüler sollen Einsicht gewinnen in Prozesse der Landschaftsschädigung durch Raubbau, Monokultur, Schädlingsbekämpfung etc. und in die dadurch entstehenden volkswirtschaftlichen Verluste sowie die erforderlichen Rekultivierungsmaßnahmen" (ebd., S. 45).

Der Bremen-Münchner Lehrplanentwurf sieht zwar in der Sekundarstufe I für die Klassen 7 und 8 die „Auseinandersetzung mit dem Energie- und Massenhaushalt in der unbelebten Natur" (Kreibich u. a., S. 61) vor, thematisiert aber die Umweltproblematik erst für die Sekundarstufe II und verkürzt sie hier auf den ökologischen Teil („Klasse 11, I. Natürliche Umwelt, ihre Gefährdung und ihr Schutz" (ebd., S. 62)). Auch wenn für Klasse 9 und 10 „Komplexe Beiträge zu Fragen der Planung und Entwicklung von Räumen, Kooperation und Synthese" (ebd., S. 62) vorgesehen sind, kann hier allenfalls die raumordnerische Bewältigung bereits bestehender Umweltschäden problematisiert werden, die in ihrer didaktischen Relevanz für die Umweltproblematik fragwürdig erscheint, da sie losgelöst von der vorangegangenen Entwicklung thematisiert wird (s. S. 49).

Obwohl Jonas für die Klasse 8 einen 15–20stündigen Kurs „Rentabilität" vorsieht, läßt er die Umweltproblematik in seinem Entwurf für

einen Lernzielplan mit lernzielbezogenen Themen zunächst vermissen. In dem Kurs soll der Schüler „lernen, daß die Rentabilität ein bestimmender Faktor in den Planungen des Menschen im Raum ist" (Jonas, S. 92).
Dieser Kurs wäre geradezu prädestiniert für die Thematisierung der durch Kade sowie Hansmeyer und Rürup angestellten Betrachtungen (siehe 2.1.2. und 2.2.3.) zur Genese von Umweltschäden. Hier könnte auch das von Jonas geforderte Prinzip thematischen Unterrichts „Ideologiekritik und Rationalität" (ebd., S. 97) zur Geltung kommen. Probleme des Umweltschutzes sieht er erst für die Klassen 9 und 10 und für die Oberstufe vor, nennt aber hierfür noch keine Lernziele.
Kreibich und Hoffmann sehen in ihrem Lehrplanentwurf für die Klassen 7 bis 10 die Umweltproblematik gar nicht vor, obwohl, wie bei Jonas, ein für diesen Themenbereich sehr geeignetes Groblernziel für Klasse 7 und 8 entwickelt worden ist:

„3. Verständnis für die Grundlagen von Einzelentscheidungen in der Wirtschaft, die deren räumliche Ordnung und funktionale Zusammenhänge aufbauen; Rentabilität (z.B. Gewinnmaximierung oder Kosten- und Distanzminimierung), Funktionalität, Nebenbedingungen (u.a. politische und rechtliche Bedingungen, Naturbedingungen)" (Kreibich u. Hoffmann, S. 108).

Lediglich das zweite Groblernziel („Verständnis für einfache Regelkreise, ihre Wahrnehmung, Berücksichtigung und Beeinflussung" (ebd., S. 107) läßt eine Reflexion der Problematik vermuten, die hier auf ökologische Aspekte reduziert ist. Zwar werden unter den Sachthemen die „Prozesse der natürlichen Umwelt in Wechselwirkung mit dem Verhalten menschlicher Gruppen" (ebd., S. 107) gesehen; eine Analyse sozialgruppenspezifischen Verhaltens im Hinblick auf die Auslösung von Umweltschäden kann unter Berücksichtigung der angegebenen Stoffe (Abtragung durch Wasser und Wind, tropische Wirbelstürme, Trink- und Brauchwasser u.a.) kaum geleistet und damit das hier (2.2. bis 2.3.1.) postulierte didaktische Ziel nicht erreicht werden.
Größere Bedeutung erhält die Umweltproblematik in einem durch Hendinger, Hoffmann, Muuss, Richter, Schmidt und Vogel erarbeiteten Konzept für die Lehrplanarbeit aller Schularten in Bremen, Hamburg, Niedersachsen und Schleswig-Holstein. Fragen des Umweltschutzes werden hier vor allem unter den Richtlernzielen

„4. Einsicht in die raumverändernden Wirkungen verschiedenartiger menschlicher Gruppen und deren Verflechtungen
7. Kenntnis der Geoökologie und ihrer Bedeutung für den Umweltschutz" (Hendinger u. a., S. 484)

behandelt (vorwiegend Klasse 7 und 8). Dabei wird die wechselseitige Bedingtheit zwischen Umweltplanung und Landschaftshaushalt für Gymnasium und Realschule als didaktisch sinnvoll gehalten. Währenddessen liege der Schwerpunkt für die Hauptschule in der Erziehung zur Entscheidungsbereitschaft in Umweltschutz- und Planungsfragen (ebd., S. 488). Diese Akzentuierung wird nicht näher erläutert, soll deshalb auch hier nicht fehlinterpretiert werden. Die durch die Richtziele 4 und 7 sich ergebenden Möglichkeiten zur Behandlung von Umweltschäden könnten grundsätzlich mit den hier dargestellten Gesichtspunkten korrespondieren. Die zum Richtziel 4 ergangenen Themenstellungen lassen dies jedoch nicht erwarten (z.B. 4.1.1. Erweiterung der landwirtschaftlichen Nutzflächen in verschiedenen Klima- und Vegetationsgebieten (z.B. Rodung, Moorkultivierung, Bewässerung), 4.1.3. Bewässerungswirtschaft als gezielte Veränderung der Grundlagen der Agrarwirtschaft). Es ergibt sich schließlich der Eindruck, daß in Lehrplänen, Richtlinien und deren Entwürfen zwar häufig Lernziele oberer hierarchischer Ordnung mit hohem qualitativen Anspruch ausgewiesen werden, aber eine erhebliche Zurückhaltung deutlich wird, wenn es darum geht, auf allgemeiner Ebene formulierte Ansprüche durch Konkretisierung am aktuellen Thema in die Tat umzusetzen. Umweltschäden müßten deshalb unter Berücksichtigung der neueren curricularen Entwicklung auch weiterhin primär deskriptiv abgehandelt werden. Zwar stehen für eine größere Tiefe in der Beobachtung obere Lernziele zur Verfügung. Sie werden dagegen nicht ihrem Anspruch entsprechend hierarchisiert. Gesellschafts- und wirtschaftspolitische Probleme werden als zu thematisieren vorgegeben, bleiben jedoch zum Schutze der bestehenden Ordnung auch künftig im Dunkeln. Die zu diesem Resultat rechtfertigende Hierarchisierung von Lernzielen und Themenstellungen ist es zugleich, die sich aufgrund der schemenhaften Formulierung insbesondere höherer Lernziele einer solchen Kritik widersetzen kann. Bei alledem stellen die „Rahmenrichtlinien Sekundarstufe I Gesellschaftslehre" des Hessischen Kultusministers eine Ausnahme dar.

Bei Durchsicht einiger neuerer Schulbücher, die sich mit der Umweltproblematik befassen, ergibt sich zum Teil ein von der oben gezogenen

Bilanz abweichendes Bild zugunsten einer ktitischen Betrachtung. Das 1974 erschienene Unterrichtswerk „Geographie" (S. 174–193) für das 9. und 10. Schuljahr jedoch, das nach dem Prinzip der Allgemeinen Geographie aufgebaut ist, behandelt mehrere Umweltprobleme in dem Kapitel „Die Umwelt erhalten". Der Abschnitt „DDT" z.B. stellt die Schädlingsbekämpfungsmittel einerseits in ihrer naturwissenschaftlichen Problematik (Nahrungskette usw.) und andererseits in ihrem Wert für die Steigerung der Nahrungsmittelproduktion zur Rettung von Menschenleben vor dem Hungertode dar. Fragen des Profitinteresses durch die Herstellung und Anwendung von Bioziden (siehe 2.1.2.1.) werden erst im didaktischen Kommentar berührt. Hier münden sie als affektives Lernziel in eine Forderung, deren Adressatenkreis so diffus bleibt, daß sich allenfalls der Schüler selbst als angesprochener begreift:

„Schließlich sollen die Schüler Einstellungen und Verhaltenstugenden entwickeln, dergestalt, daß auf dem Hintergrund der mit dem DDT gemachten Erfahrungen in Zukunft mehr auf die Gesundheit der Menschen als auf den Profit zu achten ist, Grenzen aber dort vorhanden sind, wenn zwischen Verhungern und gesundheitlicher Schädigung entschieden werden muß" (Geographie 9/10, Elemente, 9.5., S. 1).

Zweifellos hätte diese Problematik besser auf pragmatischer Ebene durch kognitive Lernziele erreicht werden können. Über affektive Lernziele wäre eventuell besser ein problemorientiertes politisches Bewußtsein und die Bereitschaft entwickelt worden, sich durch Handeln für die eigenen Interessen einzusetzen. Das oben zitierte affektive Lernziel erscheint als Flucht vor der Realität, als Zweifel an der Zulässigkeit des Verzichts auf Darstellung von Realität, schließlich als Ausweg in die Diffusion infolge eines unpräzisen politischen Standpunktes. Deutlich fallen Anspruch an den Bildungsauftrag der Schule, Stoffangebot und Verständnis der Leistung eines Schulfaches auseinander.

Folgende Zitate sollen andeuten, daß die Ursachen von Umweltschäden auch für den Schüler erfahrbar gemacht werden können:

„Der Individualverkehr ‚erstickt' die Innenstädte im wahrsten Sinne des Wortes. ... Wer ist daran interessiert, daß immer mehr Autos hergestellt und verkauft werden? ... Sammelt Anzeigen der Autohersteller und prüft ihre Werbeaussagen!" (Mensch u. Gesellschaft, S. 14f.).

Hier sind ökologische Fragestellungen nicht berührt worden; sie müßten aus anderen Medien in den Geographieunterricht einfließen.

Der Reader „Umweltschutz" führt den Schüler ebenfalls zu einer kritischen Haltung gegenüber der Frage nach dem Verursacher von Umweltschäden und zeigt Möglichkeiten zur Verbesserung der Situation durch eigenes Handeln auf. Ökonomische und ökologische Gesichtspunkte werden in dem Lesebuch „Bedrohte Umwelt" so kombiniert, daß Umweltschäden in der auf S. 12 dargestellten Verflechtung von Problembereichen erscheinen. Naturwissenschaftliche Kenntnisse erscheinen als notwendige Voraussetzung politischen Handelns, das durch gesellschaftskritische Betrachtungen, die die Grundlage sozialgeographischer Analysen sein sollten, initiiert wird.

3.2. Realisierbarkeit des Bildungswertes

Die Realisierung von Bildungswerten bzw. die Durchführung von Unterricht ist von anthropogenen Determinanten (entwicklungspsychologischer Stand, Auswirkungen der bisherigen primären und sekundären Sozialisation) und von methodischen Variablen (Unterrichtsmedien, Sozialformen des Unterrichts) abhängig. Im folgenden sollen methodische Variablen abgehandelt werden, die zur unterrichtlichen Behandlung von Umweltschäden relevant sind. Erläuterungen zur Entwicklungspsychologie und Sozialisation wären nicht ohne weiteres auf das hier behandelte Thema zu beziehen, können deshalb unterbleiben.

Wie der Abschnitt 3.1. gezeigt hat, decken sich die Anforderungen an den Bildungswert, die in diesem Rahmen erhoben worden sind, nur zum Teil mit jenen aus Lehrplänen, Richtlinien etc. Es sei angemerkt, daß sich die Realisierung des Bildungswertes auf die hier erhobenen didaktischen Maximen bezieht.

Der amerikanische Pädagoge J. S. Bruner stellt die Hypothese auf, daß jeder Stoff jedem Kind in jedem Stadium der Entwicklung in intellektuell redlicher Weise wirksam vermittelt werden kann. „Die Aufgabe, dem Kind irgendeiner Altersstufe ein Stoffgebiet nahezubringen, besteht nur darin, die Struktur dieses Stoffgebietes dem Kind so darzubieten, daß es seiner Art, die Dinge zu sehen, entspricht" (Bruner, S. 105). Dabei muß auch das der Altersstufe adäquate Repertoire an Kommunikationssymbolen angemessen in Rechnung gestellt werden. Dies sind Fragen der Methodik, die bei jeder Unterrichtsplanung von neuem gestellt und beantwortet werden müssen. Es sind Variablen zu finden, die geeignet sind, eine Sachproblematik einer Gruppe von Schülern kognitiv erschließbar zu machen. Dabei darf nicht von einer homogenen Schülergruppe ausgegangen werden, die nach einem theoretisch entwickelten Plan zur gewünschten Erkenntnis gelangt. Vielmehr müssen die Variablen nach ihrer Findung auch in ihrer praktischen Anwendung noch flexibel genug sein, um die Diskrepanz zwischen allgemeinem kognitiven Anspruch und individuell unterschiedlichen Fähigkeiten überbrücken zu können, d.h. es muß mit ihrer Hilfe möglich sein, einzelnen Schülern aller Schülergruppen gerecht werden zu können.

Es sei an dieser Stelle auf die instrumentelle Funktion der Methodik für die Didaktik hingewiesen. Jede methodische Überlegung steht im Dienste didaktischer Intentionen. An ihnen ist im Einzelfall die Effektivität des Einsatzes spezifischer Arbeitsmittel oder Unterrichtsverfahren zu messen. Das Lernziel impliziert damit die Forderung zur Mobilisierung der methodischen Variablen, die, gemessen am Verhalten der Schüler, eingesetzt werden müssen, um einen zum gewünschten Erfolg führenden Lernprozeß gestalten zu können.

3.2.1. Arbeitsmittel

Birkenhauer unterscheidet Arbeitsmittel der originalen Begegnung und abstrahierende Arbeitsmittel (Birkenhauer, 1974, S. 62 ff.). Für die Umweltproblematik erscheinen als Arbeitsmittel der originalen Begegnung das Dia, das Bild, der Film und Texte (die Schülerexkursion wird getrennt behandelt), als abstrahierende Arbeitsmittel thematische Karten, Statistiken und Lehrbücher von Bedeutung.

Das *Dia* vermittelt einen visuellen Eindruck von den Folgen umweltfeindlichen Verhaltens. Während es diese in allen möglichen Erscheinungsformen aufschlußreich aufzeigen kann, ist es nur begrenzt in der Lage, in die Ursachen von Umweltschäden einzudringen, da diese nicht im Räumlichen begründet sind. Das Dia soll so gewählt sein, daß es „das Besondere, Kennzeichnende, Typische, Problematische" (ebd., S. 68) zeigt. Durch die Darstellung von Raumausschnitten, die die zu thematisierende Problematik enthalten, erfaßt der Schüler Zusammenhänge. Er sieht nicht den Ausschnitt einer ungeordneten Mülldeponie, sondern eine Müllhalde im landschaftlichen Gesamteindrucl. Größere

Zusammenhänge dagegen können erst sichtbar werden, wenn Diafolgen zusammengestellt werden. Sie lassen, soweit die einzelnen Bilder in richtiger Reihenfolge angeordnet sind, Prozesse erkennen. An der Problematik „DDT" ließe sich das für Klasse 5 bis 6 stark vereinfacht z.B. folgendermaßen verdeutlichen:

1. Bild: DDT-sprühendes Flugzeug über landwirtschaftlicher Nutzfläche
2. Bild: Fünf Traktorenanhänger mit landwirtschaftlichen Erträgen
3. Bild: Landwirt vor Luxuslimousine

4. Bild: Landwirtschaftliche Nutzfläche ohne DDT-sprühendes Flugzeug
5. Bild: Drei Traktorenanhänger mit landwirtschaftlichen Erträgen
6. Bild: Landwirt vor altem Kombi

Am wirkungsvollsten ließe sich diese Reihe mit zwei Diaprojektoren vorführen, wobei die Bilder 1 + 4, 2 + 5 und 3 + 6 jeweils gleichzeitig zu projizieren wären.
Nachteilig wirkt sich beim Arbeiten mit Dias die Notwendigkeit der Verdunklung des Klassenraumes aus. Der Schüler kann nur im Gespräch am jeweiligen Problem arbeiten. Auf Notizen oder ein unmittelbares Arbeiten mit dem Informationsträger muß verzichtet werden.
Dem Dia gegenüber hat das gedruckte *Bild* den Vorteil, daß es Arbeitsmaterial in den verschiedenen Sozialformen des Unterrichts sein kann, gegebenenfalls unter der Voraussetzung, daß Exemplare in ausreichender Zahl vorhanden sind (s. 4.). Im übrigen gilt das für das Dia bereits Gesagte.
Der *Film* hat zwar den Vorteil, Prozesse kontinuierlich, damit realitätsgerechter zu zeigen als das Dia bzw. das Bild, jedoch „in der vorbeihuschenden Raschheit des Prozeßhaften, in der Fülle der gezeigten Details verliert das einzelne an Bedeutung, bleibt nur ein allgemeiner Eindruck zurück" (ebd., S. 74), der zur Analysierung eines Problems weniger sachliche Beiträge zu leisten vermag als die Erinnerung an fixierte Momente eines Ablaufs.
Das Arbeiten mit *Texten* ist insbesondere dann relevant, wenn es sich um Zeitungsberichte, Niederschriften von Ratsbeschlüssen, Rechtsnormen u.a. Quellentexte handelt, die als Bestandteil einer um eine Problematik arrondierte unmittelbare Realität bezeichnet werden können. Sie sollten zur Erhaltung jener Realität, mit der der Schüler später leben muß, durch den Lehrer mit „präpariert" werden. Es ist selbstverständ-

lich, darauf hinzuwirken, daß Fremdworte und schwierige Sachverhalte geklärt werden. Vor allem muß der Schüler im Umgang mit diesen Texten lernen, zentrale Aussagen aus der Gesamtheit einer Information herauszuschälen. Schließlich soll er, wenn er sich ausführlicher mit einem Problemkreis befaßt hat, mit Pressemeldungen konfrontiert werden, um die Bedeutung dessen zu erkennen, was zwar relevant ist, jedoch offensichtlich nicht oder nur unzureichend gewürdigt worden ist. Damit erhält er einen Einblick in tendenziöse Berichterstattung. Wegen des hohen kognitiven Anspruches können solche Betrachtungen erst in der Klasse 9/10 geleistet werden.

Zur Ergänzung räumlicher Betrachtungen sollte das Arbeiten mit *thematischen Karten* zu Beginn der Sekundarstufe I eingeführt werden. Das Abstraktionsniveau ist nicht bei allen thematischen Karten gleichermaßen hoch, so daß das Arbeitsmittel je nach Altersgruppe der Schüler gewählt werden kann. Es sollte in Erwägung gezogen werden, die Aussage der thematischen Karte durch die der *Statistik* zu erhärten. Ihr Einsatz darf nicht auf affirmative Lernziele gerichtet sein. Sie kann helfen, Größenordnungen und Prozesse zu erkennen und zu relativieren. Ihre Aussagen können auch zur Ergänzung von Informationen aus Dia, Film und Text dienen.

An das *Lehrbuch* ist der Anspruch zu stellen, zur Motivation geeignet zu sein, Arbeitsmaterial zu stellen und die zentrale Problematik eines Gegenstandsbereiches aufzuhellen. Es muß den Schüler anregen, sich einem Problem zu widmen und muß gleichzeitig Wege zur Erklärung der Realität aufzeigen. Das Lehrbuch kann Bild, Text im oben verstandenen Sinne, thematische Karten und statistische Aussagen enthalten. Ein Lehrbuch sollte nur dann eingesetzt werden, wenn es allen Anforderungen entspricht. Für alle Arbeitsmittel gilt, daß die Methodik nichts erreichen darf, was didaktisch nicht beabsichtigt ist.

3.2.2. Schülerexkursion

Die bisher erläuterten Arbeitsmittel der originalen Begegnung werden in ihrer Bedeutung durch die Feststellung relativiert, daß es sich dabei eigentlich nur um Medien zwischen Subjekt und Realität handelt. Das einzige Arbeitsmittel der originalen Begegnung im eigentlichen Sinne ist die Schülerexkursion bzw. die unmittelbare Beobachtung. Hierbei steht der Schüler dem Gesamteindruck des Raumes mit seinen vielen Informationen gegenüber. Ein allgemeiner Eindruck jedoch vermag den Schüler nicht in die Lage zu versetzen, eine spezifische Problematik in ihren charakteristischen Fragestellungen und Zusammenhängen zu sehen. Hier bedarf es einer gezielten Wahrnehmung. Der Schüler lernt zur Ordnung des Beobachteten, nach elementaren Untersuchungsstrategien zu verfahren. Es kommt zur Schaffung eines Methodenbewußtseins (Ernst, 1972, S. 281).

Die Arbeit der Schüler vor Ort verläuft ohne Zeitdruck, wenn die üblichen schulorganisatorischen Probleme richtig gelöst sind. Die Schülerexkursion ist für das induktive Verfahren geeignet. Es werden nach einer bestimmten Methode gezielte Beobachtungen durchgeführt, die nach Überarbeitung und Auswertung zur allgemeinen Aussage führen. Wird dem Schüler bewußt, daß er nur über methodisches Arbeiten zu brauchbaren Resultaten gelangen kann, wird er voreilige Schlußfolgerungen vor Ort vermeiden, da er deren Wert (bzw. Wertlosigkeit) einzuschätzen weiß. Sicherlich wird dies dennoch zu Beginn der Sekundarstufe I nicht zu vermeiden sein. In der 9./10. Klasse sollte jedoch ein entsprechendes Bewußtsein ausgeprägt sein.

Problemorientiertes, methodisches Arbeiten vor Ort wird erleichtert, wenn die Schülerexkursion im Unterricht mit der Klasse vorbereitet wird. Je nach Betrachtungsaspekt (ökologischer oder sozialgeographischer) und örtlichen Gegebenheiten können sich vielfältige Objekte der originalen Begegnung anbieten (siehe Abb. 2). Die zum sozialgeographischen Aspekt genannten Exkursionsobjekte sind zum Teil wie instrumentale Fertigkeiten formuliert. In diesen Fällen handelt es sich um eine spezifische Form der originalen Begegnung. Das instrumentale Lernziel (Beobachtungstechniken, Interview u.a.) erhält bei der Arbeit vor Ort besonderes Gewicht. Es erscheint als notwendiger Schritt auf dem Wege zur Erkenntnis von Prozessen.

Die Schülerexkursion kann als Motivation am Beginn einer Unterrichtseinheit stehen oder in der Mitte dem Zweck dienen, theoretisch Erfahrenes mit der Realität zu vergleichen, um die weitere Arbeit inhaltlich bestimmen zu können. Transferleistungen werden hierdurch begünstigt. In Verbindung mit dem Projekt, einem Arbeitsvorhaben oder einem Workshop kann die Arbeit vor Ort den Schüler stark zur Selbsttätigkeit anregen.

3.2.3. Sozialformen des Unterrichts

Geht man von den Grundformen aus, so bietet der Klassenunterricht ebenso wie die Einzelarbeit, Gruppenarbeit, Partnerarbeit oder der Großgruppenunterricht und das Team-Teaching grundsätzlich Möglichkeiten zur Gestaltung des Geographieunterrichts. Schlechthin kann nicht die eine oder andere Sozialform als besonders prädestiniert für ein Schulfach oder gar einen spezifischen Themenbereich bezeichnet werden. So sind der Frontalunterricht, die Stillarbeit oder andere Sozialformen des Unterrichts für die Behandlung von Umweltproblemen nicht ausdrücklich hervorzuheben. Der Projektunterricht dagegen ist in Anbetracht des interdisziplinären Charakters der Technik (s. auch 3.3.) besonders relevant.

Die Durchführung eines Projektes stößt zwar zu Beginn der Sekundarstufe I aufgrund des Alters der Kinder auf Schwierigkeiten und käme daher sicher nicht viel eher als im 8./9. Schuljahr in Frage. Das Arbeiten in Arbeitsvorhaben, das Einbringen von dort erarbeiteten Resultaten in die meist aus mehreren (mindestens zwei) Klassen bestehende Großgruppe stellt hohe Anforderungen an den Schüler. Er muß zu einem gemeinsamen Thema in einer Klasse oder kleinerern Gruppe unter Anleitung eines Lehrers ein Teilproblem bewältigen und in seine Weiterarbeit Zwischenresultate anderer Arbeitsgruppen, die sich einem weiteren Teilproblem gewidmet haben, einfließen lassen. Die Koordination dieser dezentralen, auf eine übergeordnete Fragestellung bezogenen Arbeit stellt ebenso hohe Anforderungen an den Lehrer. Nur im Team-Teaching können die alle Einzelergebnisse zusammenführenden Großgruppensitzungen effektiv vorbereitet und gesteuert werden. Vom Gelingen dieser Projektplena hängt der Lernerfolg des Schülers ab, d.h. die Beantwortung der Frage, ob er über den „eigenen" Arbeitsbereich hinaus auch die Arbeitsergebnisse in Zusammenhänge fügen kann, an denen er nicht aktiv mitgearbeitet hat.

Trotz aller Schwierigkeiten sollte der Versuch unternommen werden, auch schon jüngere Klassen (etwa Klasse 6/7) in die Planung und Durchführung eines Projektes zu integrieren. Um das Risiko des Mißlingens zu mindern, kann die Arbeit im Kurscharakter durchgeführt werden. Hierbei werden zwar auch für das Projektthema relevante Fragen erörtert; sie stehen jedoch zusätzlich in einem eigenen „geschlossenen kognitiven Kreislauf". Der Schüler niedrigerer Klassenstufen könnte auf diesem

Wege auch für ein späteres Schuljahr in integrativer Form auf die aktive Mitwirkung am Projektgeschehen vorbereitet werden.
Die Umweltproblematik bietet vielfältige Möglichkeiten für die Organisation eines Projektes. Es kann von der theoretischen Erörterung eines Themas bis zur Schüleraktion vor Ort konzipiert werden. Die Konzeption darf jedoch nicht so starr sein, daß inhaltliche Veränderungen durch den Schüler nicht mehr möglich sind. Es ist eine seiner wesentlichen Aufgaben (und gleichzeitig eine Lernzielkontrolle), den Projektverlauf im Plenum kritisch zu betrachten und den geplanten weiteren Verlauf an der gegenwärtigen Situation in seinen Arbeitsforderungen und dem Grad seines Leistbaren zu messen. Das soll nicht bedeuten, daß der Lehrer nicht anregend teilnehmen darf. Es ist aber seine ständige und wichtige Aufgabe, den Schüler zur Selbständigkeit, Verantwortungsbewußtheit und Kreativität als allgemeine pädagogische Ziele zu führen.
Eine Motivation der Schüler kann das Ziel eines Projektes (oder auch einer anderen Unterrichtsform) sein, einen Workshop einzurichten. Für seine Gestaltung können Bilder, Karten, Diagramme, Modelle und statistische Auswertungen empirischer Arbeit der Schüler erstellt werden. Je nach den technischen Anforderungen ist eine Kooperation mit dem Werkunterricht angebracht (Knübel, S. 28f.).

3.3. Interdisziplinärer Unterricht

Die Umweltproblematik ist durch interdisziplinären Charakter gekennzeichnet und erfordert eine dementsprechende unterrichtliche Behandlung. Das bedeutet, daß die Reflexion der Problematik keinesfalls auf den Geographieunterricht beschränkt werden darf. Wegen der Raumwirksamkeit von Umweltschäden erscheint er aufgrund der inhaltlichen Struktur des Faches prädestiniert zu sein. Demnach können andere Fächer, wie etwa Biologie, Chemie, Politik, Gemeinschaftskunde aus einem konkreten Fall eine andere zentrale Problematik aufgrund ihrer eigenen Struktur und ihrem Anspruch gewinnen, die dann die Geographie am Rande berühren würde. Abb. 3 verdeutlicht die Interdisziplinarität des Unterrichtsgegenstandes und seine Verflechtung zu anderen Schulfächern aus der Perspektive des geographischen Schwerpunktes. Sie zeigt die starke Verflechtung der Schulfächer untereinander, die der Berück-

Ökologischer Aspekt	Sozialgeographischer Aspekt
– Mülldeponien (Kl. 5/6)	– Besuch bei einer Kommunalverwaltung (Kl. 5/6)
– Baggerseen (Kl. 7/8)	– Wohngebiete in industriellen Ballungsräumen (Kl. 7/8)
– Rekultivierungsmaßnahmen (Kl. 7/8)	– Interview mit Personen, die die Interessen z.B. von Unternehmern der chemischen Industrie vertreten (Kl. 9/10)
– Gewässer unterschiedlicher Schädigung (Kl. 9/10)	– Interview mit Bürgern zu speziellen Umweltproblemen (Kl. 9/10)

Abb. 2: Exkursionsobjekte. Die in Klammern gesetzten Klassenangaben können je nach methodischer Vorbereitung unter- oder überschritten werden; es handelt sich hier nur um Richtwerte. Die Querverbindungen zeigen ungeachtet der Zuordnung der Objekte zu Altersstufen Verbindungsmöglichkeiten beider Aspekte in der Exkursion. Es kann sich die Notwendigkeit ergeben, zu diesem Zwecke zwei Exkursionstermine zu planen.

sichtigung bei der Unterrichtsplanung aller die Umweltproblematik inhaltlich tangierenden Fächer bedarf. Der Unterrichtsgegenstand geht über die gewöhnliche Interdisziplinarität von Unterrichtsgegenständen hinaus, bei denen eine Überschneidung der Inhalte von Disziplinen nur im jeweiligen Randbereich gegeben wäre. Insbesondere deshalb ist es zur Erfassung des gesamten Problembereiches relevant, daß Unterrichtsvorbereitung und -durchführung zeitlich parallel und inhaltlich aufeinander abgestimmt erfolgen. Die gefundenen Lernziele sollten koordiniert werden.

Der Schüler erfährt ökologische und sozialgeographische Arbeitsergebnisse mit ihren jeweiligen Verflechtungen zu anderen Disziplinen als ein geschlossenes Ganzes, das durch die Sichtbarmachung größerer Zusammenhänge einen Realitätsbezug erreicht, den eine sektorale Betrachtung entbehren müßte. Dies ist ein Bildungswert, der aus der mehrperspektivischen Behandlung von Umweltschäden hervorgeht; d. h. die Methode, ein Problem interdisziplinär zu analysieren, schließt einen eigenen, über der Komplexität einer Unterrichtseinheit schwingenden Bildungswert ein.

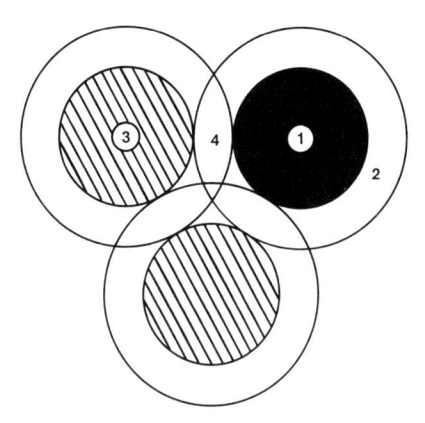

Abb. 3: Die interdisziplinäre Behandlung von Umweltschäden im Unterricht.
1. Typisch geographische Betrachtungen des Unterrichtsgegenstandes.
2. Randbereiche geographischer Betrachtungen.
3. Benachbartes Schulfach.
4. Ein benachbartes Schulfach wird in seinem Randbereich durch die geographische Behandlung der Umweltproblematik berührt. Dabei kommt es auch zu Überschneidungen der Randbereiche von Nachbardisziplinen, so daß spezifische Betrachtungen von mehreren Fächern abgedeckt werden. Dadurch ergeben sich inhaltliche Anknpüfungspunkte für die Nachbarfächer.

4. Ein Unterrichtsbeispiel

Im folgenden wird eine Unterrichtseinheit vorgestellt, die in der 8. Klasse einer Hauptschule (Altersstufe: 13–14 Jahre, Zeitaufwand: ca. 4 Doppelstunden plus Exkursion) erprobt worden ist (Hasse, 1975). Um der Unterrichtseinheit über den behandelten Unterrichtsgegenstand hinaus Bedeutung zu verleihen, sollen am Schluß eines jeden Unterabschnittes didaktische und methodische Hinweise für ein Unterrichtsvorhaben unter anderen Bedingungen gegeben werden.

4.1. Unterrichtsgegenstand – Baggerseen –

Seit vielen Jahren werden in Nethen, im nördlichen Bereich der Großgemeinde Rastede (Ammerländische Geest), Sand- und Kiesvorkommen abgebaut. Der Abbau erfolgt völlig ungeordnet. Allmählich fraßen sich nahezu 20 Kieskuhlen in die Landschaft des Geestlandes, deren natürliches Gleichgewicht daruch empfindlich gestört wurde. Seit etwa drei Jahren werden die meisten der Baggerseen zur Kurzzeiterholung genutzt. Da die notwendigen Entsorgungseinrichtungen nicht vorhanden sind, entstehen fortlaufend weitere Umweltschäden. Das Raumordnungsprogramm für den Verwaltungsbezirk Oldenburg forderte im August 1971 die Sicherstellung von durch Bodenentnahme abgebauten Flächen und deren umgehende Eingliederung in die Landschaft. Unter anderem seien dabei Möglichkeiten für die Erholung zu eröffnen. Durch die Anlage von Wochenendhäusern dürfe der Erholungswert der Landschaft für die Allgemeinheit jedoch nicht vermindert oder beeinträchtigt werden (S. VIII/3). Im Jahre 1972 hat die Gemeinde Rastede als örtlich zuständige Kommunalverwaltung einen Bebauungsplan erlassen, der die

Zusammenfassung mehrerer dicht beieinander liegender Baggerseen zur Entwicklung eines überregionalen Erholungsgebietes vorsieht. Erschwerungen der Kreditaufnahme in der jüngsten Vergangenheit (Verteuerungen auf dem Kapitalmarkt, steigende Pro-Kopf-Verschuldung der Kommunen) machten es der Gemeinde unmöglich, den Bebauungsplan selbst zu realisieren (s. S. 93). Derzeit ist abzusehen, daß eine anonyme Unternehmergruppe das Projekt in eigener Verantwortung ausführen und nach Fertigstellung auch selbst betreiben will. Nach der Art der in den Planungen vorgesehenen Einrichtungen (s. S. 92f.) ist zu erwarten, daß das Erholungsgebiet nicht von der breiten Bevölkerung genutzt werden kann, sondern sich aus Gründen einer durch die Unternehmergruppe angestrebten maximalen Rendite, nur an Bezieher höherer Einkommen richten wird, die in der Lage sind, die geforderten Preise zu zahlen.

Neben unmittelbar vergleichbaren Unterrichtsgegenständen (Kieskuhlen, Braunkohlenabbaugebiete) kommen ebenso großflächige Gewerbeansiedlungen und Siedlungsflächenerschließungen in Betracht. Aufgrund der großräumigen Veränderungen können je nach den örtlichen Gegebenheiten ökologische Probleme auftreten. Auch hier würde die Erörterung physiogeographischer Fragestellungen in einer weiteren Phase des Unterrichts eine sozialgeographische Reflexion notwendig machen, damit die Bedingungen einer Gewerbeansiedlung oder Siedlungsflächenerschließung sichtbar werden. Die Vertrautheit der Schüler mit dem Unterrichtsgegenstand wirkt sich fördernd auf deren Engagement im Unterricht aus.

4.2. Didaktische Aufbereitung

Die folgende Unterrichtseinheit ist in einer 8. Hauptschulklasse erprobt worden. Die Klasse war gemischt und setzte sich aus 24 Landkindern zusammen. Da alle Schüler in der Nähe der Baggerseen wohnen, haben sie die oben dargestellten Veränderungen der Landschaft selbst miterlebt. Die Vorkenntnisse der Klasse im Fach Geographie ergeben sich aus dem Welt- und Umweltunterricht und beziehen sich auf länderkundliche, physiogeographische und wirtschaftsgeographische Themen. Als Sozialform des Unterrichts stand die Gruppenarbeit im Vordergrund.

Zur Einführung in den Betrachtungsgegenstand des Unterrichts werden der Klasse drei Luftaufnahmen gezeigt, die aus verschiedenen Höhen fotografiert worden sind. Die Klasse sieht auf dem ersten Bild nur zwei der Seen, die zusammengefaßt werden sollen. Da hier noch zahlreiche Details zu erkennen sind, kann sich der Schüler in dem ihm bekannten Raum gut orientieren. Die folgenden beiden Bilder zeigen mit zunehmender Aufnahmehöhe immer größere Ausschnitte der Landschaft, so daß letztlich die Baggerseen in räumlichen Zusammenhang erscheinen. Auch bei den Fotos kleineren Maßstabs sieht der Schüler, daß es sich hier nicht um Seen handelt, die sich harmonisch in die Landschaft einfügen. Er charakterisiert sie z.B. als „Löcher, die mit Wasser gefüllt sind und kahl daliegen".
Zur Motivation der Schüler und Einführung in den Betrachtungsgegenstand eignen sich außer Bildern auch Filme, Zeitungsveröffentlichungen und (je nach Altersstufe) Flächennutzungs- und Bebauungspläne.

4.2.1. Entstehung der Baggerseen

Lernziele

Der Schüler soll
1. erklären können, daß der Mensch zu seinem Nutzen seine Umwelt mehr oder weniger stark verändern muß (s. Lernziel 2.1.);
2. erklären können, daß der Mensch den Raum in der Weise verändert, die ihm den optimalsten Nutzen erbringt (s. Lernziel 3.1.);
3. erklären können, daß sich neue Raummuster, damit auch Umweltschäden, durch menschliches Verhalten entwickeln (hier Gewinnstreben) – (s. Lernziel 3.1.).

Im Unterrichtsgespräch wird der Klasse die Frage gestellt, wie es zur Entstehung der Baggerseen kam. Der Schüler bezieht sich nun auf das erste vorgeführte Luftbild, auf dem er Einzelheiten (Lastzüge, Saugbagger u.a.) erkennen konnte. Mit seiner Feststellung, daß der Mensch die Sand- und Kiesvorkommen abgebaut hat, erkennt er zunächst den unmittelbar raumwirksamen Vorgang der mechanischen Veränderung und muß auf dieser Basis an die Ursachen des Sandabbaues herangeführt werden. Er wird deshalb aufgefordert, eine Begründung zu suchen für das persönliche Interesse einiger Unternehmer, Land zu kaufen, um dann die Natur auszubeuten. Der Schüler nennt als Ursache die Bestrebung, Gewinne zu erwirtschaften. Die Feststellung wird durch Mitschüler erweitert: „aus den Gewinnen müssen auch die zum Sandabbau notwendigen Maschinen unterhalten und Löhne für Arbeiter gezahlt werden". Durch den Lehrer wird ergänzt, daß sich ebenso die Kosten für den Ankauf des Landes und der Fahrzeuge auszahlen müssen. Die Gewinne müssen also entsprechend hoch sein. Weist er nun den Schüler darauf hin, daß hohe Gewinnen in der Regel mit hohen Umsätzen verbunden sind (dies ist dem Schüler bereits aus dem Arbeitslehreunterricht bekannt), kann die Klasse den Umfang des Sandabbaues auf diese Weise begründen. Daß eine ausreichende Nachfrage aus dem Baugewerbe bestehen und ein Absatzmarkt in möglichst geringer Entfernung vorhanden sein muß, damit die gewonnenen Bodenschätze auch veräußert werden können und die Transportkosten niedrig bleiben, sollte der Lehrer abschließend hinzufügen, um halbrichtige Ergebnisse zu vermeiden.

Das durch die Schüler erarbeitete Ergebnis, daß durch den Sandabbau der Raum verändert worden ist, überträgt der Lehrer in eine graphische Darstellung. Um die weiteren noch zu behandelnden Problemkreise an diesem ersten Abschnitt anbinden zu können, ohne daß der notwendige Gesamtzusammenhang verlorengeht, sollte er einen dreistufigen Folien-

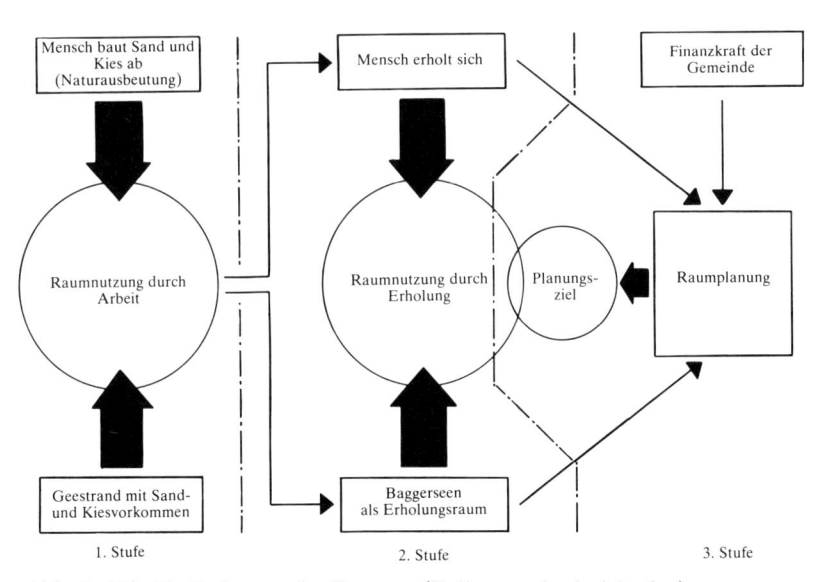

Abb. 4: Die Veränderung des Raumes (Foliensatz in drei Stufen)

satz für den Overhead-Projektor herstellen. Die in Abb. 4 eingetragenen Strich-Punkt-Linien kennzeichnen die drei Stufen des Foliensatzes. Der erste Teil stellt dar, daß Mensch (sandabbauende Unternehmer) und Raum (Geestrand mit Sand- und Kiesvorkommen) zueinander in Beziehung treten. Im Kreis vollzieht sich ein Veränderungsprozeß des Raumes (Entstehung der Kieskuhlen), dessen Auswirkungen in Teil 2 verdeutlicht werden.

Ähnliche Aspekte könnten bei anderen Kieskuhlen oder beim Thema „Braunkohlenabbau" im Mittelpunkt dieses Abschnittes stehen.

Auf die Gewerbe- oder Siedlungsflächenerschließung übertragen, wäre hier ebenso die Frage nach der initiierenden Gruppe raumverändernder Prozesse zu thematisieren. Die Nutznießer müßten konkret bestimmt werden (also nicht etwa „die" Gesellschaft); ihnen wären die Wirkungen des Eingriffes in den Landschaftshaushalt vor allem in ihren sozialen Beeinträchtigungen (z.B. Verlust von Naherholungswäldern zu wessen Gunsten?!) gegenüberzustellen. Hier wird eine gewisse Überschneidung mit dem Abschnitt „Raumplanung" sichtbar. Dieser Problembereich könnte dennoch unter speziellen Fragestellungen besonders behandelt werden.

4.2.2. Umweltschäden

Lernziele:

Der Schüler soll
1. zwei Beispiele für die Entstehung von Umweltschäden nennen können, die ökologisch zu begründen sind (siehe Lernziel 2.1.1., 2.1.2., 1.2.2.);
2. Umweltschäden ihrer Herkunft nach gliedern, d.h. bestimmten sozialen Gruppen, die durch ihr Verhalten verursachend gewirkt haben, zuordnen können (außer Naturkatastrophen) – (siehe 3.1.).

Die Klasse wird nun in drei Gruppen zu je 6 Schülern aufgeteilt. Jeder Gruppe werden vier Fotos ausgehändigt, die einen der Baggerseen aus verschiedenen Perspektiven zeigen und mehrere Umweltschäden abbilden. Die Schüler erhalten für den arbeitsgleichen Gruppenunterricht die Arbeitsanweisung, anhand des Bildmaterials Umweltschäden festzustellen und zu notieren. Der Lehrer unterstützt die Gruppen bei ihrer Arbeit durch klärende Hinweise, sobald sich bei den Schülern themabezogene Schwierigkeiten einstellen.

Es sind folgende Ergebnisse erarbeitet worden:

– Starke Erosionsschäden an den steilen Uferböschungen, die für Kieskuhlen häufig typisch sind; Aushöhlungen der Uferzonen.

Wird der Schüler aufgefordert, zu erklären, weshalb derartige Schäden nicht überall in der Landschaft entstehen, weist er auf den Schutz der Vegetationsdecke hin, die ein Wegspülen des Bodens verhindert. Er weiß aus der Kenntnis der Landschaft und konnte auch an den Bildern erkennen, daß die Pflanzendecke an den Hängen der Baggerseen nicht mehr vorhanden ist. Der Schüler hat Erosionsschäden besonders häufig an den steilen Böschungen festgestellt. Er begründet dieses Vorkommen damit, daß „das Regenwasser hier sehr schnell herunterfließt, den lockeren Boden mitreißt und kleine Bäche bildet". Die Aushöhlung der Uferzonen führt er auf die Spülkraft der Wellen des Sees zurück, die durch Wind entstehen. Da keine Vegetation vorhanden ist, wird der Boden ausgewaschen.

Um die Betrachtungen der Klasse nicht nur auf eine Beschreibung und Begründung vorhandener Situationen zu beschränken, sollen die Schüler im Unterrichtsgespräch darstellen, wie sich die genannten Umweltschäden möglicherweise weiterentwickeln können. Als eventuelle Folge stellen sie z. B. heraus: „Von der oberen Böschungskante werden Bäume in den See stürzen, weil dort die Wurzeln zum Teil nur noch einseitig im Boden verankert sind". Abb. 5, die an der Tafel entwickelt wird, verdeutlicht die erodierende Kraft des Wassers.

– Abgestorbene Vegetation im Uferbereich

Aus den Fotos ist der Niveauunterschied zwischen dem Wasserspiegel des Sees und der vorhandenen Vegetation ersichtlich (er beträgt zum Teil mehr als 20 m). Der Grundwasserspiegel hat sich aufgrund des umfangreichen Sandabbaues abgesenkt. Da dem Schüler aus dem Biologieunterricht die wasserspeichernde Funktion der Pflanzenwurzeln bekannt ist, sieht er den Zusammenhang zwischen dem gesunkenen Grundwasserspiegel und dem Absterben der Vegetation. Er erklärt, daß „das Grundwasser nicht mehr in die Wurzel- und Pflanzendecke aufsteigen kann und der Vegetation dadurch die Wasserzufuhr aus dem Boden verlorengegangen ist". Damit der Schüler Umweltschäden auch auf ihre indirekten Wirkungen hin betrachten lernt, wird er aufgefordert, die derzeitige Situation eines nahegelegenen Wasserwerks zu schildern, das aus dem Grundwasser gespeist wird. Er folgert aus den vorangegangenen Feststellungen: „Das Wasserwerk muß tiefere Bohrungen ausführen, um den gesunkenen Grundwasserspiegel wieder zu erreichen". Daß dies mit hohen Kosten verbunden ist, äußert der Schüler erst nach erneuten Fragen des Lehrers. Diese Schwäche der Klasse, Probleme nur „anzudenken", tritt im Verlauf der Unterrichtseinheit noch häufiger auf. Ihr muß immer wieder durch Aufforderungen seitens des Lehrers, erarbeitete Ergebnisse gleichzeitig als Ursachen für weitere Folgen zu sehen und weiter zu beleuchten, entgegengewirkt werden.

– Ölfilme auf der Seefläche

Der Klasse ist aus eigener Erfahrung und aus dem Bildmaterial bekannt, daß zum Abbau des Bodens Floße als Träger für Bagger und Bohrleitungen benötigt werden, die aus leeren Treibstoffässern hergestellt werden. Die auf der Wasseroberfläche ermittelten Ölfelder führt sie darauf zurück, daß die Pontons nicht sicher genug verschlossen worden oder durchgerostet sind, so daß Treibstoffreste in das Wasser auslaufen konnten. Eine weitere Ursache sieht der Schüler in möglicherweise nicht ausreichend abgedichteten Motoren der Saugbagger, aus denen Öl und Benzin entweichen konnte.

– An flachen strandähnlichen Uferzonen liegen Abfälle umher.

Da es sich hier nicht um gewerblichen Abfall handelt, sondern hauptsächlich um leere, zum Teil zerschlagene Flaschen, Lebensmittelverpackungen etc., nennt die Klasse als Verursacher „Personen, die sich an dem See zum Baden oder Sonnen aufgehalten haben". Wenn der Schüler nun angewiesen wird, die Infektionsgefahren auf Müllplätzen, die er aus dem Biologieunterricht kennt, auf die Situation an den Baggerseen zu übertragen, stellt er fest, daß

1. Bakterienherde entstehen, die den Menschen und die Tier- und Pflanzenwelt gefährden;
2. das Grundwasser verschmutzt und die Sauberkeit des Trinkwassers gefährdet wird (Wasserwerk!).

Die Klasse erhält nun den Arbeitsauftrag, in Gruppen die festgestellten

Umweltschäden nach ihrer Herkunft zu ordnen. Es ergibt sich danach folgende Gliederung, die die Schüler an die Tafel schreiben:

Arbeit des Menschen
- Erosionsschäden, Aushöhlungen der Uferzonen
- Abgestorbene Vegetation im Uferbereich
- Ölfilme auf der Seeoberfläche

Erholung des Menschen
- Abfälle an strandähnlichen Uferzonen

Durch diese Gegenüberstellung wird dem Schüler klar, daß sich hier Arbeit und Erholung des Menschen in demselben Raum vollziehen und in beiden Bereichen Umweltschäden entstanden sind.
Zur Ermittlung von Umweltschäden ist grundsätzlich das Arbeiten vor Ort geeignet. Das trifft auch dann zu, wenn die Schäden nicht so deutlich erkennbar und erklärbar sind wie im vorliegenden Fall. Informationsbesuche bei Fachbehörden (Wasserwirtschaftsamt, Landwirtschaftskammer etc.) können zur Prüfung von Hypothesen, die vor Ort entwickelt worden sind, beitragen.
Im Falle großflächiger Erschließungsmaßnahmen können, z.B. in Mittelgebirgslagen, je nach Relief Erosionen und Veränderungen im Grundwasserhaushalt auftreten. Vielfältige Schäden durch Industrieemissionen können hinzukommen oder das Hauptproblem bilden.
Die Feststellung einer ambivalenten „Funktion" von Umweltschäden, wie sie am Unterrichtsbeispiel dargestellt werden konnte (oder: alter Steinbruch, der sich aber möglicherweise bereits wieder in ein ökologisches Gleichgewicht eingefügt hat, als Ausflugsziel), wird nicht sehr häufig möglich sein, so daß zu dem folgenden Unterabschnitt, der sich eigens mit dieser Ambivalenz eines Umweltschadens befaßt, keine Hinweise für mögliche andere Betrachtungsgegenstände gegeben werden können. Die Besonderheit eines Einzelfalles kann nicht verallgemeinert werden.

4.2.3. Erholung des Menschen

Lernziele:

Der Schüler soll
1. erklären können, daß ein Umweltschaden neues menschliches Verhalten initiieren kann, dem die Entwicklung von weiteren Umweltschäden folgen kann (siehe Lernziel 3.1., 3.2.1.);
2. erklären können, unter welchen Voraussetzungen eine Landschaft dem Menschen zur Erholung dienen kann.

Die Schüler erhalten den Auftrag, in Gruppen Ursachen dafür zu finden, weshalb der Mensch eine Landschaft, die durch den Sandabbau schwer geschädigt ist, als Erholungsraum nutzt. Die Klasse stellt z. B. die folgenden Fakten heraus: Vorhandensein von Seen, zum Teil ausgedehnte, flache Sandufer mit Strandcharakter, Umsäumung der Seen mit Wald, wenig Lärm, verkehrsgünstige Lage, Mangel an anderen Naherholungsgebieten u. a. Wird der Schüler nun aufgefordert, den Grund für die Entwicklung dieser, die Ausstattung des Raumes betreffenden Bedingungen darzustellen, muß er auf die graphische Darstellung des Foliensatzes (Teil 1) hingewiesen werden, die zu diesem Zweck noch einmal an die Leinwand projiziert wird. Dort ist ihm deutlich geworden, daß durch die Bodenentnahme der Raum verändert worden ist. Bezieht er diese Erkenntnis auf die jetzige Fragestellung, kann er erklären, daß es Arbeit in Form des Sandabbaues war, die die Voraussetzungen für die Erholung, also einen Erholungsraum, geschaffen hat. Diese Aussage enthält das Wissen, daß der Erholungsraum im Grunde als „Abfallprodukt" entstanden ist und seinem Zweck durch eine andere soziale Gruppe zugeführt worden ist, als der, die ihn geprägt hat.

Um die Problematik in ihrem Gesamtzusammenhang zu sehen, ruft der Lehrer der Klasse kurz die landschaftsökologischen Probleme, die die Arbeit der sandabbauenden Unternehmer zur Folge hatte, in Erinnerung. Der Schüler macht dann die antagonistisch anmutende Feststellung, daß „der Mensch einen Raum zu seiner Erholung nutzt, der eine Vielzahl von Umweltschäden verkörpert". Abb. 6, die an der Tafel durch den Lehrer entwickelt wird, verdeutlicht diesen Prozeß: Die durch die Arbeit entstandenen Umweltschäden stellen zu einem großen Teil die Erholungsvoraussetzungen dar. Die Erholung hat ihrerseits ebenfalls Umweltschäden hervorgebracht.

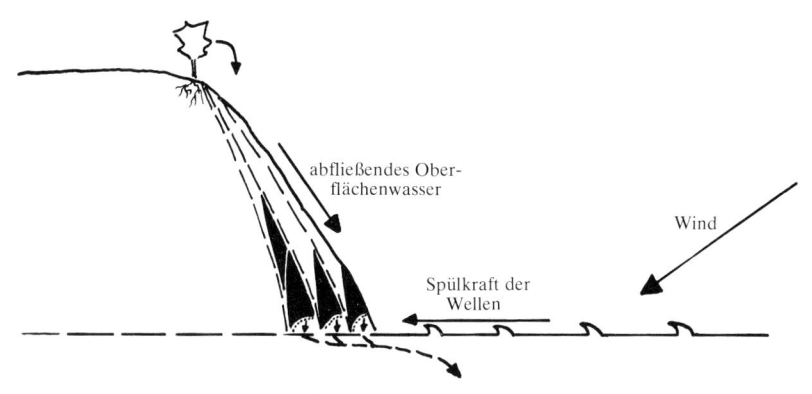

Abb. 5: Entstehung von Erosionsschäden

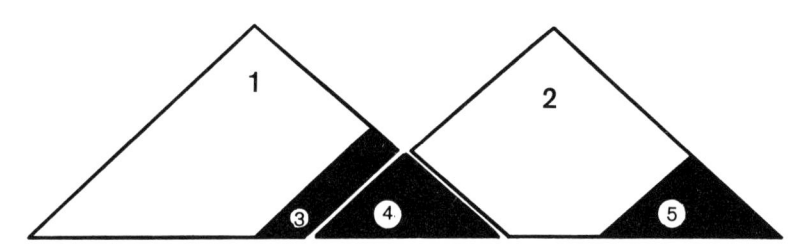

Abb. 6: Umweltschäden durch Arbeit und Erholung. Durch den Abbau von Sand- und Kiesvorkommen (1) entstehen Umweltschäden (3 u. 4). Ein Teil dieser Umweltschäden (4) bilden die Voraussetzung für die Nutzung desselben Raumes als Erholungsgebiet (2). Die Nutzung der Landschaft als Erholungsraum hat ebenso Umweltschäden zur Folge (5).

Die Einsichten, zu denen der Schüler in diesem Abschnitt gelangt ist, werden vom Lehrer durch Ergänzung des Foliensatzes (Stufe 2) in die graphische Darstellung übertragen: Der Sand- und Kiesabbau im Geestrand bewirkte eine Veränderung der Landschaft (Entstehung von Baggerlöchern durch Bodenentnahme – Umweltschäden) und veranlaßte Erholungsuchende, die veränderte Umwelt für sich zu nutzen. Diese Entwicklung wird vom Schüler am Schema erklärt.

4.2.4. Schülerexkursion

Lernziele:

Der Schüler soll
1. den Entstehungsprozeß des Erholungsgebietes vor Ort erklären können (siehe Lernziel 3.1.);
2. erklären können, daß Umweltschäden einerseits den Charakter der Wirkung, andererseits den der Ursache haben können (siehe Lernziel 3.2.1.).

Es werden zur Umwanderung eines Baggersees drei Gruppen gebildet. Sie erhalten den folgenden Arbeitsauftrag: „Notiere kurz alle Hinweise, die auf die Arbeit des Menschen" (bzw. Umweltschäden, bzw. Erholung) „hinweisen und untersuche deren Ursachen und Wirkungen". Es ergibt sich aufgrund des sachlichen Zusammenhanges zu den meisten Faktoren eine Verflechtung mit den anderen, im Arbeitsauftrag nicht genannten Bereichen, die zur Erreichung einer umfassenden Analyse aber geplant ist. Die Arbeitsgruppen sollten bei ihrem Gang durch das Gelände durch den Lehrer etappenweise betreut werden. Er kann die in der Untersuchung der Zusammenhänge entstehenden Lücken durch entsprechende Hinweise zur Lösung schließen und so die Arbeit wieder in Bewegung setzen.

Zum Abschluß der Geländearbeit erfolgt eine Zusammenfassung der einzelnen Arbeitsergebnisse durch ein vom Lehrer geleitetes Gespräch zwischen den Gruppen. Aussagen wie: „Die durch die Arbeit entstandenen Umweltschäden haben die Erholung des Menschen überhaupt erst ermöglicht", deuten darauf hin, daß der Schüler die beiden Gruppen von Umweltschäden auf eine gemeinsame Genese zurückgeführt hat. Er hat sie damit einerseits als Wirkung (Folge des Sandabbaues) und andererseits als Ursache (Voraussetzungen für die Erholung) begriffen.

Es muß durch die Problematik des jeweiligen Unterrichtsgegenstandes bestimmt werden, in welcher Phase der Unterrichtseinheit eine Exkursion durchgeführt werden soll. Unter Punkt 4.2.2. wurde bereits eine Möglichkeit angedeutet.

Einen von der üblichen Schülerexkursion abweichenden Charakter erhält die Arbeit der Klasse vor Ort, wenn die Ergebnisse einer Unterrichtseinheit einen Niederschlag in der außerschulischen Realität finden sollen (z.B. Aufklärungsaktion über die Umweltsituation des Schulortes). Die Schüler erfahren in dieser Arbeitsform die Gesellschaftsrelevanz schulischen Lernens. Die Bewältigung gesellschaftlicher Realität wird zum didaktischen Relevanzfilter der Schule, was der Schüler nun unmittelbar erfährt. Er wird primär motiviert und begreift Schule als Mittler zwischen Lernprozeß und dessen Verwertung. Die Arbeit vor Ort in dieser Art kann günstig im Projektunterricht vorbereitet werden.

4.2.5. Raumplanung

Lernziele:

Der Schüler soll
1. erklären können, daß sich Raumplanung grundsätzlich durch Koordination des vorhandenen Raumes mit dem auf ihn bezogenen Verhalten sozialer Gruppen vollzieht (s. Lernziel 3.1.);
2. erklären können, daß Raumplanung nicht ausschließlich auf die Behebung von Umweltschäden gerichtet ist, sondern dabei ebenso wirtschaftliche und gesellschaftspolitische Interessen verfolgt (s. Lernziel 3.2., 4.2., 4.3.);
3. erklären können, daß Raumplanung durch Gemeinden, Länder und Bund erfolgt, die öffentliche Hand aber häufig aufgrund ihrer zum Teil geringen Finanzkraft hinsichtlich der Ausführung ihrer Planungen von freien Unternehmern abhängig ist, die wegen dieser Machtposition Einflüsse auf die staatliche Planung geltend machen können (s. Lernziel 3.2., 4.2., 4.3.);
4. erklären können, wie umweltgeschädigte Räume durch Raumplanung rekultiviert werden können (s. Lernziel 4.1.2.);
5. zwei Gefahren für die Entwicklung von Umweltschäden nennen können, die sich als Folge verwirklichter Raumplanung ergeben können (s. Lernziel 2.1.);
6. erklären können, welche Möglichkeiten der Bürger hat, auf Raumplanung Einfluß zu nehmen (s. Lernziel 4.3.1.).

Zur Vermittlung eines Eindruckes von der weitreichenden Kraft der Raumplanung eignet sich die Bildmappe des Schweizer Künstlers Jörg Müller, der die Entwicklung einer Landschaft über 10 Jahre in modernen Gemälden zeigt (Kosmos 6/74, S. 248).
Die Schüler erhalten nun folgende Pressenotiz:

„250-Millionen-Projekt für das Nethener Seengebiet im Gespräch"
Die Gemeinde braucht neben den Gewerbesteuereinnahmen, die ihr von den örtlichen Betrieben im Jahr zufließen, ein zweites wirtschaftliches Bein. Sie muß ihre Wirtschaftskraft stärken, wenn sie alle künftigen Aufgaben erfüllen will. Die Gemeinde führt zur Zeit keineswegs aussichtslose Gespräche mit

Vertretern einer Managementgruppe, die bereit ist, eine Summe von 200 bis 250 Millionen DM in die Entwicklung des Nethener Seengebietes zu investieren. Vorgesehen ist eine intensive Nutzung des Gebietes mit der Errichtung von etwa 500 Ferienhäusern sowie eines großen Regenerationszentrums für Kreislaufgeschädigte. Die Grundstücksprobleme sind in Gesprächen der Managergruppe mit den Grundeigentümern schon beinahe gelöst. Nach der Auffassung der Gemeinde dürfe der öffentliche Charakter des Seengebietes nicht verlorengehen, andererseits erwarten die Geldgeber aber auch eine Rentabilität des Unternehmens. Grundlage des Projektes wird die Zusammenfassung von acht Baggerseen zu einer geschlossenen Wasserfläche von ca. 50 ha sein" (Nordwest-Zeitung vom 16. 5. 1974, S. 21).

Außerdem händigt der Lehrer den Schülern eine vervielfältigte Beschreibung der Maßnahmen aus, die durch die Planausführung in diesem Gebiet realisiert werden sollen und noch nicht in der Pressenotiz genannt waren (Hotel mit Möglichkeiten für Kongresse des Managements, zahlreiche exklusive Ferienhäuser, die dem „großzügigen Charakter der An-

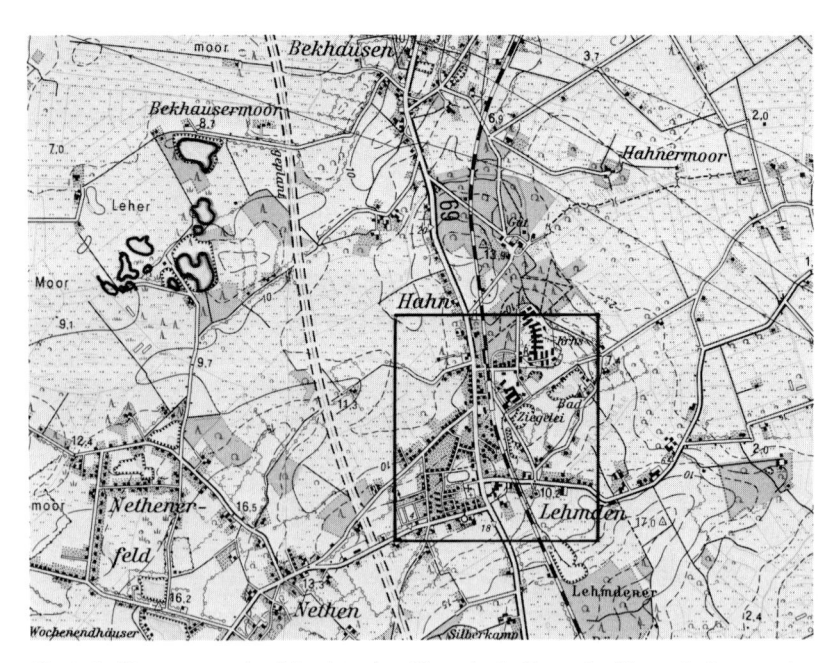

Karte 1: Baggerseen im Norden der Gemeinde Rastede (Ausschnitt aus der topographischen Karte L 2714 Varel von 1973, Maßstab 1:50 000)

lage entsprechen sollen", Golfanlage, Tennisplatz und -halle, Reitgelegenheit, Rollschuhbahn u. a.).
Um dem Schüler die finanzpolitische Bedeutung des geplanten Projektes für die Gemeinde klar zu machen, setzt der Lehrer an der Tafel die Summe von 200 Millionen DM zu den Gemeindefinanzen in Beziehung. Für 1975 erscheinen hier z. b. als Ausgaben 8 Millionen für Schulen (Neubau und Unterhaltung), 3,9 Millionen Personalkosten und als Einnahmen 8,7 Millionen aus Steuern und Finanzzuweisungen sowie 3,7 Millionen aus Darlehen und Rücklagen. Das gesamte Haushaltsvolumen beläuft sich auf rund 21,8 Millionen DM (Haushaltsplan 1975 der Gemeinde Rastede). Fachbegriffe wie Finanzzuweisungen und Rücklagen werden dem Schüler erklärt, sind jedoch nicht völlig unbekannt, da im Gemeinschaftskundeunterricht entsprechende Themen schon behandelt worden sind.

Damit sich die Klasse das räumliche Ausmaß des Planungsobjektes vorstellen kann, muß sie zusätzlich informiert werden, daß der gesamte Planungsbereich sich auf ca. 200 ha erstreckt. Diese Fläche wird in die topographische Karte Varel eingezeichnet (s. Abb. 7). Der entsprechende Auszug unter das Episkop gelegt, zeigt, daß der gesamte Schul- und Wohnort der Schüler Hahn-Lehmden von diesem Areal abgedeckt werden könnte. Von der Gesamtfläche entfallen etwa 100 ha auf die geplante Bebauung einschließlich Hotel, Einkaufszentrum und übriger Versorgungsbereich. Die Bedeutung des Projektes wird dem Schüler schließlich noch deutlicher, wenn er die zeitweise Bevölkerungsexpansion berechnet. Durchschnittlich drei Personen × 500 Ferienhäuser = 1500 Personen (ohne Hotel und zusätzliche Erholungssuchende) stehen nun zeitweise (hauptsächlich im Sommer) einer Einwohnerzahl von 1408 in dem nächstgelegenen Ort Hahn-Lehmden gegenüber. Im Rahmen dieser Unterrichtseinheit können infrastrukturelle Fragen nicht in vollem Umfange erörtert werden. Im Unterrichtsgespräch begreift der Schüler jedoch die Problematik der Energieversorgung, Abwasserbeseitigung und der sozialen Anbindung des Erholungsgebietes an den benachbarten Ort, wenn es nicht zu einer völligen Isolation kommen soll. Die Verkehrserschließung kann dagegen durch die im Bau befindliche Ausbaustrecke der Bundesautobahn (Hansalinie Oldenburg – Wilhelmshaven) als weitgehend gesichert angesehen werden.

Es folgt ein arbeitsgleicher Gruppenunterricht mit dem Arbeitsauftrag: „Erarbeite anhand der Pressenotiz und der Zusammenstellung der vorgesehenen Einrichtungen des Erholungsgebietes die Planungsziele". Der Schüler leitet aus dem Text der Arbeitspapiere und dem vorangegangenen Unterrichtsgespräch her:

1. Schaffung eines Erholungsgebietes und Freizeitzentrums
2. Schaffung neuer Einnahmequellen
   – für Unternehmergruppe (Gewinne)
   – für Gemeinde (Gewerbesteuer)

Auf die durch den Lehrer gestellte Frage, weshalb ein Erholungsgebiet geplant wird, antwortet der Schüler, daß „sich schon seit langem sehr viele Menschen an den Baggerseen erholen und ein Bedarf deshalb vorhanden ist". Stellt der Lehrer der Klasse unter Bezug auf die Pressenotiz, wonach der öffentliche Charakter des Seengebietes auch nach Realisierung der Planung erhalten bleiben soll, dar, daß in einigen Jahren jeder Bürger die Möglichkeit haben werde, an einem ausgedehnten See Tennis zu spielen, zu reiten oder seinen Urlaub in einem exklusiven Ferinehaus zu verbringen, erscheint dem Schüler die Mehrzahl der vorgesehenen Einrichtungen unerreichbar. Mit der Feststellung „... nur für die Reichen ...", erkennt er, daß eine spezifische Gruppe unterer Gesellschaft angesprochen werden soll. Stellt der Lehrer ihm die Frage: „Weshalb wird das Gebiet nicht so geplant, daß alle Bevökerungsgruppen einen Nutzen davon haben?", findet er eine Antwort in der Pressemeldung. Die meisten Schüler stellen spontan fest, daß „die Gemeinde mehr Einnahmen braucht" (den Hinweis entnimmt er dem ersten Satz der Pressenotiz), „die Reichen mehr Geld dort lassen" und „Unternehmer und Gemeinde an ihnen mehr Geld verdienen können als am Durchschnittsbürger". Die Folgerung eines Schülers, die Bevölkerung mit mittleren und niedrigen Löhnen müsse sich ein neues Erholungsgebiet suchen, läßt erkennen, daß das Projekt nicht als soziale Einrichtung, sondern als gewinnstrebender Betrieb aufgefaßt worden ist. Die Rekultivierung der zerstörten Landschaft ist völlig in den Hintergrund getreten. Schüler stellen hierzu fest, daß „in der Pressemeldung von der Beseitigung von Umweltschäden gar nicht mehr die Rede ist". Um die sich abzeichnende Erkenntnis der Schüler zu verstärken, liest der Lehrer der Klasse den folgenden Auszug aus einem in einer monatlich erscheinenden Publikation des Fremdenverkehrsvereins veröffentlichten Artikel des Gemeindedirektors von Rastede vor:

„... die Gemeinde denkt auch gar nicht daran, die ohnehin zu knappen Steuergelder ihrer 17000 Einwohner im Gebiet der Nethener Baggerseen etwa für Toiletten, sanitäre Einrichtungen, Wasserversorgung, zentrale Bewässerung usw. auszugeben, damit die Einwohner aus anderen Städten und Gebieten hier kostenlos unsere Landschaft bevölkern können, ... Wir haben unsere Steuergelder für uns selbst, und zwar für Schulen, Kindergärten, Kläranlagen und Straßen dringend nötig. Im Gegenteil, wir brauchen, um alle diese Aufgaben in unserer Gemeinde in ausreichendem Maße zu erfüllen, noch mehr Geld und Wirtschaftskraft. ...
Auf den größten Teil der Leute, die heute im Bereich der Kieskuhlen mehr oder weniger ihr ‚Unwesen treiben' – und das noch kostenlos –, legen wir in Rastede allesamt keinen Wert...." (Ullrich, S. 13f.).

Soll der Schüler schließlich begründen, weshalb die Gemeinde die Planung nicht selbst ausführt, weißt er auf deren Haushaltsmittel hin und erkennt, daß „die Unternehmergruppe mehr Geld für diesen Zweck ausgeben kann". Ein kurzer Lehrervortrag sollte den Schüler ergänzend informieren, daß Gemeinden aus eigenen Einnahmen große Projekte nur zum Teil selbst finanzieren können (hier Bezug auf Gemeindefinanzen – s. oben –) und Zuschüsse vom Land und vom Bund benötigen, um die gesamte Finanzierung sicherstellen zu können. Da der Staat aber mit seinen Geldern in der Regel keine Maßnahmen fördern würde, die fast ausschließlich für eine kleine Minderheit geschaffen werden sollen, hätte er eine Unterstützung hier sicherlich nicht gewährt.
Unter Bezug auf die o. g. Notwendigkeiten infrastruktureller Ausbaumaßnahmen kommt die Klasse zu der Einschätzung, daß die Gemeinde trotz der finanziellen Trägerschaft des Projektes durch freie Unternehmer erhebliche Kosten zu tragen haben wird (Kläranlagenerweiterungsbau etc.), die nur einer erlesenen Gruppe zugute kommen.
Die Schüler dürfen nicht zu der Auffassung gelangen, daß der Bürger den Planungen der Gemeinde und der Unternehmergruppe ohnmächtig gegenübersteht. Der Lehrer sollte ihnen deshalb erklären, daß die Gemeinde einen Bebauungsplan, der die vorgesehene Raumgestaltung darstellt, öffentlich auslegen muß und jeder Bürger dagegen begründete Einwände erheben kann, die durch die Gemeinde geprüft werden müssen. Der Schüler erhält dann die Arbeitsanweisung: „Denke über weitere Möglichkeiten nach, die dem Bürger Einfluß auf die Raumplanung geben können". Im Gruppenunterricht schreibt er folgende Resultate auf, die er aus Kenntnissen des Gemeinschaftskundeunterrichts herleiten konnte:

1. Der Bürger kann Kontakt mit Gemeindevertretern im Rat aufnehmen.
2. Es können Bürgerinitiativen gebildet werden.

Um die Mechanismen der Raumplanung graphisch deutlich zu machen, vervollständigt der Lehrer den Foliensatz durch die letzte Stufe. Der Schüler muß hierbei vor allem die Bedeutung der sich überschneidenden Kreise begreifen. Er soll deshalb die Bevölkerungsgruppen, die sich gegenwärtig an den Baggerseen erholen, denen gegenüberstellen, die sich nach der ausgeführten Raumplanung dort erholen werden. Er kommt zu dem Ergebnis, daß zur Zeit alle Bevölkerungskreise die Baggerseen aufsuchen, nach der Planausführung aber wegen der zu erwartenden hohen Preise für die Benutzung der Einrichtungen kaum noch ein Bürger mit durchschnittlichem Einkommen dort zu finden sein wird. Diese Feststellung zeigt auch das Schema, das durch den versetzten kleineren Kreis deutlich machen soll, daß die Planung die realisierbaren Bedürfnisse der Allgemeinheit nur geringfügig berücksichtigt hat; siehe Überschneidung Planungsziel/Raumnutzung durch Erholung. Wenn das gegenwärtige Erholungsverhalten durch entsprechende Einrichtungen hätte geordnet werden sollen, müßte sich der kleine Kreis in der Mitte des großen befinden. Die zur „Raumplanung" weisenden Pfeile deuten auf die die Planung bestimmenden Faktoren.

Abschließend soll die Klasse untersuchen, welche Veränderungen im Raum und im menschlichen Verhalten sich aus der verwirklichten Raumplanung ergeben können. Der entsprechende Arbeitsauftrag für die Gruppen lautet: „Welche Folgen kann die ausgeführte Raumplanung auf den Raum und den Menschen haben? Denke dabei auch an die Möglichkeit der Entstehung neuer Umweltschäden". Die Gruppen sollten bei ihrer Arbeit durch den Lehrer unterstützt werden, da es den Schülern häufig Schwierigkeiten bereitet, eine herausgearbeitete Folgeerscheinung konsequent gedanklich weiterzuentwickeln. Es seien hier zwei Beispiele genannt, die eine Kette von möglichen Entwicklungen beinhalten und nur dadurch entstehen konnten, daß der Lehrer zwischen den einzelnen Schritten Hilfen gewährte:

1. Bau von Einzelhandelsgeschäften für den gehobenen Bedarf = Steigerung der Lebenshaltungskosten (erneute Probleme der Entsorgung – z.B. Schlachtereien).
2. Großzügige Bebauung am Rande des Erholungsgebietes = steigende Grundstückspreise (Waldrodungen, Wegfall bislang landwirtschaft-

lich genutzter Flächen = Erosionsgefahr, wenn keine ausreichende Kanalisation).

Während hier die Raumplanung primär die Aufgabe hat, bestehende Umweltschäden zu beheben, kann sie in anderen Fällen als Urheber von Umweltschäden in Erscheinung treten. Dies könnte bei den schon mehrfach angesprochenen Alternativthemen zur Großflächenerschließung der Fall sein. Die dabei möglicherweise entstandenen Schäden können im Unterricht durch die Arbeit mit den Planungsunterlagen (soweit zugänglich) begründet werden. Um die Hintergründe von Raumplanung deutlich zu machen, bietet sich in diesem inhaltlichen Rahmen die Arbeit mit dem Bundesbaugesetz (BBauG) (je nach Altersstufe aufbereitet) an, die an einer Problematisierung des Zustandekommens einer Bausatzung nicht vorbeigehen sollte (z.B. § 1, Abs. 4 BBauG: Orientierung der Bauleitplanung an den sozialen und kulturellen Bedürfnissen der Bevölkerung; § 2, Abs. 1 BBauG: Aufstellung von Bauleitplänen durch die Gemeinde, sobald „erforderlich"). Öffentliche Bekanntmachungen und Pressemeldungen sollten nach Möglichkeit hinzugezogen werden.

Der Lernerfolg wurde durch einen lernzielorientierten Test am Ende der Unterrichtseinheit überprüft (Ergebnis: sehr gut: 1; gut: 1; befriedigend: 12; ausreichend: 4; mangelhaft: 1; ungenügend: 0).

Der gegenwärtige Stand der Planungen ist hinsichtlich ihrer Realisierung ungewiß. Selbst wenn sich das Projekt mangels Liquidität anonymer Unternehmergruppen zerschlagen würde, entwertete diese Entwicklung nicht den Bildungswert der Unterrichtseinheit. Entscheidend sollte hierfür allein die Tatsache sein, daß eine solche Maßnahme ernsthaft in Erwägung gezogen worden ist und dies ebensogut an irgendeinem anderen Ort der Bundesrepublik hätte geschehen können und einen Teil der unser Gesellschafts- und Wirtschaftssystem charakterisierenden Realität repräsentiert.

5. Schlußbetrachtung

Die hier angestellten Betrachtungen zur unterrichtlichen Behandlung von Umweltschäden in der Sekundarstufe I sollten deutlich machen, daß eine realitätsgerechte Analyse einzelner Fälle zur Umweltproblematik nicht bei scheinbaren Ursachen, etwa im ökologischen Bereich, stehenbleiben darf. Unaufhörliches Suchen nach originären Auslösemechanismen ist eine Verhaltensdisposition, die den Schüler prägen und sich auf sein individuelles Entscheidungsverhalten in allen Lebensbereichen auswirken muß, wenn der Unterricht über lange Zeit effektiv verläuft. Der Schüler soll auch dort in politischen Dimensionen zu denken befähigt werden, wo es scheinbar deplaziert ist. Die Realität fordert von ihm zu ihrer Gestaltung politisches Engagement in aktiver Form, wenn der einzelne nicht länger der sich an räumliche Gegebenheiten Anpassende sein will. Will er seine Lebensbedingungen gestalten, muß er auf eine harte Auseinandersetzung mit jenen Mächten vorbereitet werden, die einen Nutzen aus der Passivität und willenlosen Anpassung an diktierte Bedingungen ziehen. Sie werden durch den Einsatz aller ihnen zur Verfügung stehenden Mittel danach trachten, ein wirkliches Eintreten der Öffentlichkeit für ihre Interessen zu vereiteln. Diese Auseinandersetzung kann nur durch sachliche Informiertheit bestimmt sein. Hierzu ist die Transparentmachung von Realitäten grundlegende Voraussetzung. Die Umweltproblematik sollte für das Schulfach Geographie deutlich machen, was viele andere Unterrichtsgegenstände ebenso hätten problematisieren können.

Wenn ein Bezug auf die Sekundarstufe I nur in einigen Abschnitten erkennbar war, so fehlt diese Reflexion vor allem bei den Abhandlungen zu Fragen des Bildungswertes nicht; es ist davon ausgegangen worden, daß Bildungswerte losgelöst von Altersgruppen an übergeordneten gesellschaftlichen Notwendigkeiten zu messen und festzulegen sind.

Literaturverzeichnis

Bedrohte Umwelt: Lesebuch, (Dahl, B. u.a.), Beltz, Weinheim und Basel 1974.
Birkenhauer, J. u. Haubrich, H.: Das geographische Curriculum in der Sekundarstufe I. Pädagogischer Verlag Schwann, Düsseldorf 1971.
Birkenhauer, J.: Einführung: Lernziele und Operationalisierung. In: Beiheft Geographische Rundschau, Heft 2/72, Westermann, Braunschweig.
ders.: Die Daseinsgrundfunktionen und die Frage einer „curricularen Plattform" für das Schulfach Geographie. In: Geographische Rundschau 1974. Westermann, Braunschweig.
ders.: Erdkunde, Teil 2, Schwann, Düsseldorf 1974.
ders.: Die Möglichkeit einer „Plattform" für ein geographisches Schulcurriculum. In: Beiheft Geographische Rundschau, Heft 1/75, Westermann, Braunschweig.
Boeseler, K.-A.: Geographie und Kapital. In: Geoforum 19/74, Pergamon Press Ltd., Oxford.
Bruner, J. S.: Bereitschaft zum Lernen. In: Pädagogische Psychologie, Kiepenheuer & Witsch, Köln, Berlin 1972.

Danneel, I.: Pestizide gefährden die Umwelt. In: Der Biologieunterricht, Heft 3/71, Klett, Stuttgart.
Deutscher Bundestag: Drucksache 7/2575 vom 26. 9. 74.
Dörge, F.-W.: Problemlösendes Verhalten als Ziel politischen Denkens. In: Gegenwartskunde, Heft 4/71, Leske, Opladen.
Drutjons, P.: Biologieunterricht – Erziehung zur Mündigkeit. Moritz Diesterweg, Frankfurt a. M. 1973.

Ellenberg, H.: Versuch zur Klassifikation der Ökosysteme nach funktionalen Gesichtspunkten, Göttingen 1971.
Engelhard, W. D. u. Hellings, B.: Geographieunterricht zwischen Exkursion und Normenreflexion. In: Beiheft Geographische Rundschau, Heft 2/74, Westermann, Braunschweig.
Ernst, E.: Ansätze der neuen Curricula in der Geographie der Schule. In: Beiheft Geographische Rundschau, Heft 1/71, Westermann, Braunschweig.
ders.: Lernziele in der Erdkunde. In: Dreißig Texte zur Didaktik der Geographie, Westermann, Braunschweig 1972.

Fosberg, F.R.: The island ecosystem. In: F. R. Fosberg (Hrsg.), Man's Place in the Island Ecosystem, a Symposium, Honolulu 1963.

Gassmann, R.: Zur Politik, Umwelt – Gefahren und Aufgaben. Schöningh, Paderborn 1974.
Geographie 9. u. 10. Schj.: Bd. 3, (Albrecht, V. u. a.), Klett, Stuttgart 1974.
Geographie: Elemente zur Unterrichtsplanung, 9./10. Schuljahr, Bd. 3, (Albrecht, V. u. a.), Klett, Stuttgart 1974.

Hagel, J.: Geographische Aspekte der Umweltgestaltung. In: Geographische Rundschau 1972, Westermann, Braunschweig.
Handreichungen: Vorläufige – für die Orientierungsstufe, Niedersächsischer Kultusminister.
Hansmeyer, K.-H. u. Rürup, B.: Umweltgefährdung und Gesellschaftssystem. In: Umwelt, Heft 30/74, Informationen des Bundesministers des Inneren zur Umweltplanung und zum Umweltschutz.
Hartke, W.: Gedanken über die Bestimmung von Räumen gleichen sozialgeographischen Verhaltens. In: Wirtschafts- und Sozialgeographie, Kiepenheuer & Witsch, Köln, Berlin 1970.
Hartkopf, C.: In: Betrifft: Umweltschutz, Sofortprogramm der Bundesregierung.
Hasse, J.: Umweltschäden werden zur Grundlage eines Erholungsgebietes. In: Beiheft Geographische Rundschau, Heft 4/75, Westermann, Braunschweig.
Haushaltsplan der Gemeinde Rastede für das Haushaltsjahr 1975 vom 10. 12. 1974.
Hendinger, H.: Lernziele und ihre Verwirklichung. In: Beiheft Geographische Rundschau, Heft 1/71, Westermann, Braunschweig.
dies.: Ansätze zur Neuorientierung der Geographie im Curriculum aller Schularten. In: Dreißig Texte zur Didaktik der Geographie, Westermann, Braunschweig 1972.
Hendinger, H. u. a.: Zum Curriculum Geographie in der Sekundarstufe I. In: Geographische Rundschau 1973, Westermann, Braunschweig.
Hentig, H. v.: Allgemeine Lernziele der Gesamtschule. In: Lernziele der Gesamtschule, Deutscher Bildungsrat, Gutachten und Studien der Bildungskommission, Klett, Stuttgart 1971.
ders.: Die Schule im Regelkreis. Klett, Stuttgart 1973.

Jonas, F.: Entwurf für einen Lernzielplan mit lernzielbezogenen Themen. In: Beiheft Geographische Rundschau, Heft 1/71, Westermann, Braunschweig.
Jung, G.: Bericht über ein Arbeitsvorhaben: Geoökologische Forschung im Regionalbereich. In: Beiheft Geographische Rundschau, Heft 4/74, Westermann, Braunschweig.

Kade, G.: Ökonomische und gesellschaftliche Aspekte des Umweltschutzes, Gewerkschaftliche Monatshefte, 1971.
Klafki, W.: Didaktische Analyse als Kern der Unterrichtsvorbereitung. In: Auswahl, Reihe A, Grundlegende Aufsätze aus der Zeitschrift: Die Deutsche Schule, Schroedel, Hannover 1969.
Knöpp, H.: Über die Rolle des Phytoplankton im Sauerstoffhaushalt von Flüssen. In: Deutsche Gewässerkundliche Mitteilungen, Heft 6/59, Hrsg.: Bundesanstalt für Gewässerkunde.
Knübel, H.: Unser „Workshop Geographie". In: Beiheft Geographische Rundschau, Heft 1/75, Westermann, Braunschweig.
Kreeb, K.: Einzige Zukunftschance: Die Ökologisierung unseres Lebens. In: Umschau in Wissenschaft und Technik, Frankfurt a. M. 1973.
Kreibich, B. u. Hoffmann, G.: Vorbemerkungen zum Bremen-Münchener Lehrplanentwurf. In: Beiheft Geographische Rundschau, Heft 1/71, Westermann, Braunschweig.
dies.: Übersicht über den Lehrplan für die Klassen 7 bis 10. In: Beiheft Geographische Rundschau, Heft 1/71, Westermann, Braunschweig.
Kreibich, B. u. a.: Übersicht über den Bremen-Münchener Lehrplanentwurf. In: Beiheft Geographische Rundschau, Heft 1/71, Westermann, Braunschweig.

Landesentwicklungsprogramm Niedersachsen 1985, Hrsg.: Niedersächsischer Ministerpräsident, Hannover 1973.
Leng, G.: Zur „Münchner" Konzeption der Sozialgeographie. In: Geographische Zeitschrift, Heft 2/73, Wiesbaden.

Mager, R. F.: Lernziele und programmierter Unterricht. Beltz, Weinheim 1972.
Maihofer: In: Umwelt, Heft 36/74, Informationen des Bundesministers des Inneren zur Umweltplanung und zum Umweltschutz.
Manshard, W.: Unsere gefährdete Umwelt, Fragenkreise, Schöningh, Paderborn 1973.
Martens, E.: Das Prinzip Neugier in der Pädagogik.In: Westermann Pädagogische Beiträge, Heft 6/73, Westermann, Braunschweig.
Meckelein, W.: Einleitung zu: Umwelt Aktuell, Nr. 8 Umweltprobleme im Unterricht, C. F. Müller, Karlsruhe 1973.
Mensch und Gesellschaft: Ein Arbeitsbuch für den Sozial- und Gesellschaftskundeunterricht der Klassen 5 u. 6 aller Schulen, (Fischer, K. G.), Metzlersche Verlagsbuchhandlung, Stuttgart 1973.
Müller-Neuhaus, G.: In: Zur Sache 3/71, Umweltschutz (I) Hrsg.: Presse- und Informationszentrum des Deutschen Bundestages, Bonn 1971.

Niemeyer, G.: Braunschweig – Sozialräumliche Schichtung und sozialräumliche Gliederung einer Großstadt. In: Raumforschung und Raumordnung, Heft 5/6, 1969.

Nitschke, E.: Die schmutzige Stadt. In: Umwelt aus Beton oder Unsere unmenschlichen Städte, Rowohlt, Hamburg 1971.
Nordwest-Zeitung: 250-Millionen-Projekt für das Nethener Seengebiet im Gespräch, Der Ammerländer, 16. 5. 1974, S. 21.
N.N.: Die Veränderung der Landschaft. In: Kosmos 6/74, Franckh'sche Verlagshandlung Keller & Co., Stuttgart.

Oerter, R.: Moderne Entwicklungspsychologie, Ludwig Auer, Donauwörth 1973.

Palmstierna, L. u. H.: Unsere geplünderte Welt, Beltz, Weinheim 1972.
Projektgruppe „Abfallbeseitigung": Umweltplanung, Materialien zum Umweltprogramm der Bundesregierung, Hrsg.: Der Bundesminister des Inneren, Bonn 1971.
Puls, W. W.: Umwelt-Gefahren und Schutz, Informationen zur politischen Bildung, Heft 146/71, Hrsg.: Bundeszentrale für politische Bildung.

Rahmenrichtlinien: Sekundarstufe I, Gesellschaftslehre, Hessischer Kultusminister, Moritz Diesterweg, Frankfurt a. M. 1973.
Raumordnungsbericht 1972 der Bundesregierung, Hrsg.: Presse- und Informationsamt der Bundesregierung, Bonn 1973.
Raumordnungsprogramm für die großräumige Entwicklung des Bundesgebietes – Entwurf – vom 25. 7. 1974.
Raumordnungsprogramm für den Verwaltungsbezirk Oldenburg, Hannover 1971.
Reimer, H.: Müllplanet Erde, Fischer, Frankfurt a. M. 1973.
Richtlinien für die Volksschulen des Landes Niedersachsen, Schroedel, Hannover 1964.
Richtlinien und Lehrpläne für die Hauptschule in Nordrhein-Westfalen Gesellschaftslehre, A. Henn, Ratingen, Kastellaun, Düsseldorf.
Rieger, W.: Die große Herausforderung. In: Die kranke Umwelt, Um die Wiedergewinnung des ökologischen Gleichgewichts, Schriften der Bundeszentrale für politische Bildung, Bonn 1973.
Roll, H. U.: Das Meer als Müllgrube?. In: Umweltschutz für die Ostsee, Hrsg.: Industrie- und Handelskammer zu Lübeck, Lübeck 1973.
Ruppert, K. u. Schaffer, F.: Zur Konzeption der Sozialgeographie. In: Dreißig Texte zur Didaktik der Geographie, Westermann, braunschweig 1972.

Schaffer, F.: Die Mobilität als raumverändernder Prozeß. In: Geographical Papers, No. 1, Zagreb 1970.
Schultze, A.: Allgemeine Geographie statt Länderkunde! Zugleich eine Fortsetzung der Diskussion um den exemplarischen Erdkundeunterricht. In: Dreißig Texte zur Didaktik der Geographie, Westermann, Braunschweig 1972.

Stoddart, D. R.: Die Geographie und der ökologische Ansatz. In: Wirtschafts- und Sozialgeographie, Kiepenheuer & Witsch, Köln, Berlin 1970.

Taylor, G. R.: Das Selbstmordprogramm, Zukunft oder Untergang der Menschheit, Fischer, Frankfurt a. M. 1971.

Tjaden/Tjaden-Steinhauer: Methodologische Probleme der Sozialstrukturanalyse. In: Methodenfragen der Gesellschaftsanalyse, FAT, Frankfurt a.M. 1973.

Ullrich, K.: Wird das Erholungszentrum Nethener See ein Politikum?. In: Treffpunkt 3/74, Hrsg.: Fremdenverkehrsverein Rastede.

Umwelt: Heft 39/75 vom 14. 3. 1975, Informationen des Bundesministers und zum Umweltschutz, Hrsg.: Bundesminister des Inneren.

Umweltschutz: Das Umweltprogramm der Bundesregierung, Kohlhammer, Stuttgart 1972.

Umweltschutz: – Fortschritt ist für den Menschen da –, (Berg, H. K. u.a.), Moritz Diesterweg, Frankfurt a. M. 1973.

Vogt, H. H.: Es geht nicht ohne DDT. In: Kosmos, Heft 3/75, Frankh'sche Verlagshandlung Keller & Co., Stuttgart.

Waffenschmidt, H.: Vor allem eine Frage des Problembewußtseins. In: Die kranke Umwelt, Um die Wiedergewinnung des ökologischen Gleichgewichts, Schriften der Bundeszentrale für politische Bildung, Bonn 1973.

Wagner, R.: Abwasser und Müll – Stand und Probleme (Kurzfassung). In: Umwelt Aktuell, Nr. 8 Umweltprobleme im Unterricht, C. F. Müller, Karlsruhe 1973.

Widener, D.: Kein Platz für Menschen, Fischer, Frankfurt a. M. 1972.

Willmann, O.: Didaktik der Bildungslehre, Freiburg 1957.

Naturwissenschaften
Bände aus der Reihe Lehrerhandbuch
Herausgegeben von Hermann Meyer

Physik
(Lehrerhandbuch, Band 5.)

Teil 1: Wärmelehre – Optik – Wetterkunde. Von Heinrich Runkel und Willy Hoffmann. 1971. XVI, 480 Seiten und 4 Farbtafeln. Leinen DM 38,– (35007)

Die Verfasser haben aus den Stoffplänen für den Physikunterricht der allgemeinbildenden Schulen aller Bundesländer etwa 1700 Angaben über Lehrgegenstände gesammelt und etwa 200 Themen unter Berücksichtigung moderner Prinzipien didaktisch und methodisch für den Unterricht aufbereitet. Die Bearbeitung des Lehrstoffs ist gegliedert in einen darstellenden Teil, einen didaktisch-methodischen Teil und in Literaturangaben. Die zahlreichen Versuche sind ausführlich beschrieben, so daß ihre Durchführung ohne Experimentier-Erfahrung möglich ist. Sie gestatten eine Auswahl je nach Geräteausstattung der speziellen Schule. In bezug auf ihren unterrichtlichen Einsatz sind sie gekennzeichnet als: Lehrerversuche, Schülerversuche und Übungsversuche. Fachfremden Lehrern soll das Einarbeiten in die Schulphysik ermöglicht werden.

Teil 2: Elektrizitätslehre. Von Willy Hoffmann. 1976. XII, 412 Seiten. Broschiert DM 38,– (35008)

Chemie
(Lehrerhandbuch, Band 10.)

Von Gert Dannenfeldt und Günther Wesche. Erscheint im Herbst 1976. (35009)

Die Autoren beschreiben ausgewählte und erprobte Unterrichtseinheiten des Chemieunterrichts in der Sekundarstufe I. Sie haben weniger Wert darauf gelegt, umfangreiches chemisches Fachwissen zu liefern, als vielmehr unter Verzicht auf Vollständigkeit einen grundlegenden methodischen Gang zu vermitteln, der für alle Schulformen Gültigkeit besitzt und auch die Grundlagen für die Sekundarstufe II bildet.

Erdkunde
(Lehrerhandbuch, Band 2.)

Von Georg Höhler. 1976. 2., neubearbeitete Auflage 1972. XVI, 488 Seiten mit zahlreichen Kartenskizzen. Leinen DM 38,– (35004)

„Die dynamische Betrachtung anthropogeographischer, wirtschafts- und sozialgeographischer Sachverhalte zeichnet das Buch aus. Eine reiche Ausstattung mit Kartenskizzen und Schaubildern erleichtert die Stofforientierung. Die didaktischen Hinweise verraten den erfahrenen Lehrer."
Schule heute

Mathematik
(Lehrerhandbuch, Band 3.)

Von Hans Schupp. 1967. 2., verbesserte Auflage 1970. XX, 284 Seiten mit zahlreichen Abbildungen. Leinen DM 32,– (35005)

An etwa 60 Lehrplanstichworten wird in einer prägnanten Sachanalyse der wissenschaftliche Hintergrund des Sachgebietes dargestellt und der didaktische Ort für die verschiedenen Schulgattungen bestimmt. Es folgen Anregungen zur methodischen Gestaltung. Eine Übersicht über die gebräuchlichen Begriffs-, Relations- und Operationssymbole, ein alphabetisches Verzeichnis der fremdsprachlichen Fachausdrücke machen das Buch zu einem wertvollen Nachschlagewerk.

Preisänderungen vorbehalten

Weitere Bände der Reihe:

2 Höhler: Erdkunde
4 Helbig: Sozial- und Gemeinschaftskunde
6 Daube: Musik
7 Deutsch, Teil I
8 Wierscheim/Hahn: Englisch
11 Geschichte, Teil I/Teil II/Teil III.

Bitte fordern Sie das Verzeichnis „Erziehungspraxis" an.

BELTZ
Beltz Verlag · Postfach 1120
6940 Weinheim